우리가 몰랐던
**선조들의
수학 이야기**

# 우리가 몰랐던 선조들의 수학 이야기

한국 역사 속 장면에서 찾은 수학

이장주·한은경 지음

책놀이터

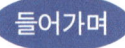
들어가며

# 옛날 사람들도 수학을 배웠을까?

## 숫자가 처음부터 싫었다고?

안녕, 친구들! 이 책을 읽기 시작한 친구들은 수학 공부를 좋아하는지 궁금해. 아마 숫자를 보면 눈을 반짝이는 친구도 있고 졸음이 마구 밀려오는 친구도 있겠지?

사실 우리는 어릴 때부터 숫자와 친하게 지냈어. 아장아장 걸을 때 이미 〈곰 세 마리〉 노래를 부르며 수를 셌고, 손도 닿지 않는 엘리베이터 단추의 숫자를 누르겠다고 떼를 썼지. 친구들과 키 재기를 하거나 발 크기를 맞대며 비교하는 것도 즐거웠고, 명절 때 받은 용돈을 쥐고 장난감을 고르며 가슴 뛰었던 기억도 있을 거야.

지금은 어때? 학교에서 만나는 수학이라는 과목은 학년이

오를수록 어렵고 복잡해지지? 어른들은 수학이 무척 중요하니 매일 공부하라고 하는데, 갖가지 학원에 다니느라 엄마와 아빠보다 더 바쁜 우리 사정을 아시는 걸까? 게다가 폰이라도 잡고 있으면 재미있는 것이 너무 많아서 그 강력한 유혹을 뿌리치기 정말 힘들어.

엄마는 늘 "공부 먼저 끝내고 놀기로 약속하자!"고 단단히 말씀하시는데 우리는 참 속상해. 종일 학교와 학원에 갔다가 집에 돌아와 숙제하다 보면 폰을 잡고 뒹굴거리는 꿀맛 같은 휴식도 없이 하루가 지나가거든. 특히 수학 책을 펴놓으면 왜 그렇게 나른해지는지……. 이내 침을 흘리며 책상에 박치기를 하려고 해. 그러면 등 뒤에서 "잘한다. 잘해!" 하는 엄마의 야단이 천둥소리처럼 들려오지. 그럴 때면 놀란 마음에 갑자기 서러움이 북받쳐 올라 이렇게 소리치고 싶었을 거야.

"나도 힘들고 놀고 싶은데 도대체 공부는 누가 만든 거야? 옛날에는 학원도 없었고 어려운 수학 공부도 안 했을 테니 나도 그때 태어날 걸!"

하하하! 어떤 친구들은 오늘도 이런 생각을 했겠지? 옛 수학을 본 적이 없으니까 말이야. 그래서인지 수학 공부를 하면서 "우리나라에도 옛날부터 수학이 있었나요?"라고 묻는 친구들이 많았어. 실제로는 어땠을까?

## 조선, 고려, 신라에도 수학은 있었어

하루가 다르게 새로워지는 인공지능 시대를 살아가는 우리들이지만 선조의 지혜와 재능을 바로 아는 일은 참 중요해. 역사를 통해 미래를 예측할 수도 있거든. 이 책은 여러 해 동안 옛날 자료를 찾고 옛말과 한자로 된 기록을 일일이 해석한 것을 바탕으로 쓴 내용이야. 그래서 조금 낯설고 어렵게 느껴지는 부분도 있겠지만 훌륭했던 선조의 이야기에 잠시 귀 기울여 보면 우리의 미래를 열어가는 데 용기를 얻을 수 있을 거야.

우리나라는 대한민국이라고 부르기 전에 다른 이름을 갖고 수천 년을 이어 왔어. 대한제국이라고 국호를 정한 게 1897년이었고, 그 이전에 조선 시대가 약 500년, 그보다 더 전에 고려 시대가 또 500년, 또 그전에는 1,000년 이상 지속

된 통일 신라 시대와 삼국 시대가 있었지. 물론 더욱 오래 전에도 우리 조상님들은 이 땅에서 살아 오셨어. 이렇게 긴 세월 동안 집을 짓고, 농사일을 하고, 땅과 곡식을 나누고, 세금을 걷어 나라 살림을 해야 했는데 수학이 반드시 필요하지 않았을까? 특히 농업과 어업이 생존 수단이었던 옛날에는 계절과 시간을 구분하고 하늘의 운행을 살펴서 달력을 만드는 연구가 무척 중요했고 이런 일은 수학을 모르고는 할 수 없었어.

옛날에 수학이 쓰인 흔적은 우리 주변에서도 쉽게 찾을 수 있어. 옛 성곽만 봐도 알 수 있지. 남한산성, 행주산성, 공주산성과 같이 이름난 곳을 일부러 찾아가지 않아도 동네마다 성곽의 흔적이 참 많아. 마을을 지키는 이런 성곽들은 전쟁에 대비해 적이 절대 넘어올 수 없도록 튼튼하게 쌓아야 했어. 조선 시대 기록을 보면 성 쌓는 방법을 이렇게 설명하고 있어.

"성 위에 쌓는 담의 높이를 한 길로 하여 사람들이 허리를 펴고 통행하여도 화살이나 돌에 맞을 걱정이 없게 한다."
― 홍대용의 《임하경륜》

이렇게 담을 하나 쌓는 일도 허투루 할 수 없고 자세한 수학적 계산이 필요했던 거야. 또 수학은 실제로 전쟁할 때도 아주 중요하게 쓰였어. 임진왜란 당시 나라를 구한 이순신 장군을 모두 알고 있지? 이순신 장군의 한산대첩은 특히 유명해. 전라남도 통영의 한산도 앞바다에서 조선의 수군이 일본의 함선을 60여 척이나 부수고 크게 이긴 통쾌한 싸움이었거든.

어떻게 이런 일이 가능했을까? 그 장면을 한번 상상해 보자. 처음에는 일본 수군이 조선 함대 여섯 척을 발견하고 마구 쫓아오기 시작했어. 일부러 쫓기던 조선 수군이 한산도 앞바다에 이르렀을 때야. 갑자기 "함선을 돌려라!" 하는 우레와 같은 명령이 떨어졌어. 섬 뒤에 숨어 있던 조선 함대는 일제히 드러나 학의 모양을 갖추기 시작했지.

"발포하라!"

우렁찬 함성이 울리고 조선 수군은 일제히 화포 공격을 하며 돌진했어. 그 결과 조선의 수군은 별다른 피해 없이 일본 수군을 전멸시켰던 거야. 이때 학익진 전술에 반드시 필요한 것이 무엇일까? 바로 거리 측량이야. 각종 화포가 발사되어

닿는 거리와 각도를 계산하고 아군 배와 적군 배의 거리에 맞춰 정확히 쏘아야 공격을 성공시킬 수 있어. 이렇게 수학이 나라를 위기에서 구할 때도 쓰였다니 정말 놀랍지?

우리가 지금 수학이라고 부르는 학문을 옛사람들은 '산학'이라고 불렀어. 우리의 전통 수학인 산학은 중국의 영향을 받으며 발전했어. 우리나라는 지리적으로 볼 때 커다란 중국하고만 맞닿아 있으니 그럴 수밖에 없었지. 그렇지만 우리의 전통 수학은 스스로 창의적이고 독특하게 발전해서 현대의 최첨단 기술과 산업의 여러 분야에 들어 있을 정도로 훌륭해. 이 책을 읽다 보면 우리 선조들이 수학을 얼마나 열심히 공부했는지, 또 그 실력이 얼마나 높았는지 알게 될 거야.

특히 부강한 나라와 공평한 사회를 만들기 위해 노력한 선조들은 수학을 더욱 열심히 공부했어. 왜 그랬을까? 지금부터 그 이유를 알 수 있는 생생한 옛 현장 속으로 함께 들어가 볼까?

# 차례

들어가며   옛날 사람들도 수학을 배웠을까?　　　　　　　　　　4

**1부** **훈민정음에 수학이 숨어 있다고?**
　　　수학을 사랑한 발명왕 세종　　　　　　　　　　15

**2부** **산가지로 마법을 부리는 조선의 수학 천재**
　　　중국 사신과의 대결에서 이긴 홍정하　　　　　　49

**3부** **스도쿠 게임처럼 보이는 숫자 놀이 마방진**
　　　현대 조합론의 아버지가 된 최석정　　　　　　　77

**4부** **별의 움직임도, 밭의 넓이도 모두 계산해보자**
　　　소행성의 이름이 된 학자 홍대용　　　　　　　105

### 5부   세상을 놀라게 한 1,400년 전 주사위
유물로 알아보는 신라인의 수학 실력     141

### 6부   수학도 독립운동이 될 수 있을까?
학문을 향한 조선의 열정을 증명한 이상설     159

### 7부   자전차를 타고 경성에서 의주까지 달린다면
100년 전 수학 교과서를 쓴 남순희     177

**나오며**     수학이 지금의 우리를 만들었어     184

1부

훈민정음에
수학이 숨어 있다고?

수학을 사랑한 발명왕 세종

## "임금님께 바칠 책을 만들어라"

여기는 조선 시대 경상도 감사가 일하는 감영 안이야. '감영'이란 각 도에서 가장 높은 자리에 있는 감사님이 일을 하는 관청을 말해. 각 도의 감사님은 할 일이 참 많았어. 고을의 관리들도 감독하고, 흉년이 들지 않도록 농사일도 살펴야 하고, 식량을 모았다가 백성들이 굶을 때 나누어 주기도 해야 했지. 세금을 걷고, 병사를 훈련시키며, 죄인을 재판하는 일도 감사님의 역할이었어.

그런데 얼마 전에 한양에서 감사님이 새로 오신 후로 감영 안에서는 또 다른 특별한 일이 시작되었어. 글 잘 읽는 선비들과 손재주가 좋은 목공들, 종이를 지고 나르는 상인들과 허드렛일을 돕는 마을 사람들이 감영의 문턱이 닳도록 드나들었지. 감사님은 매일 나와서 직접 지시할 정도로 열심이었고. 도대체 무슨 일을 하고 있는 걸까? 바로 책을 만들고 있었던 거야.

그런데 사람들은 그 책을 보고 모두 고개를 갸웃거렸어. 도무지 무슨 책인지 알 수가 없었거든.

"아니, 이게 무슨 책이람? 이런 책은 본 적이 없어."

"맞아. 저건 부처님 말씀을 적은 불교 경전이 아니야."

"서당에서 배우는 공자 왈, 맹자 왈 하는 책도 아닌 걸."

사람들은 저마다 아는 것을 말하며 수군거렸어. 감사님은 중국에서 구해 온 《양휘산법》이라는 책을 본떠서 만들고 있었는데 사람들은 그런 책을 본 적이 없었으니 더욱 궁금했지. 《양휘산법》은 수학이 크게 발전했던 중국 송나라 시절 양휘(1238~1298)라는 수학자가 펴낸 수학 책이야. 구구단, 방정식, 도형과 같은 것이 적혀 있는 수학 책은 당시 일반 사람들이 흔히 볼 수 있는 것이 아니었어. 수학을 어떤 순서로 배워야 하는지 진도까지 자세히 적혀 있었지. 경상감사 신인손이 이 책을 가지고 그 내용을 그대로 만들어 당시 임금이던 세종대왕님께 진상한 후에 조선에서도 중요하게 쓰였어. 조선 초기부터 수학 관리를 뽑는 시험 교재로 정해졌고 조선의 방정식 해법 자료로 사용되는 등 조선 수학의 발전에 큰 영향을 주었지.

감사님은 제 7권까지 있는 《양휘산법》을 백 세트나 만들라고 하셨어. 이상한 기호와 선과 원이 있는 낯선 책을 보면서 사람들은 말했어.

"아니, 이렇게 이상한 책을 많이 만들어 뭣에 쓴답니까?"

"한양에 계신 임금님께 보낸다나 봐요."

"뭐요? 나라님께 고작 이런 걸 선물한다고요? 산삼에, 고운 비단에, 진귀한 술도 많은데 왜 하필 골치 아픈 이상한 책이랍니까? 그것도 똑같은 책을 백 뭉치도 넘게요."

"아이고, 우리 감사님! 출세는 글렀네, 글렀어!"

사람들은 이해할 수 없다는 표정을 지으며 쯧쯧 혀를 찼어.

지금이야 커다란 인쇄기로 책을 뚝딱 찍어내고, 손가락만 까딱하면 인터넷 서점에서 집까지 책이 날아오지? 그러나 옛날에는 책을 만드는 일이 여간 힘든 과정이 아니라 괜한 고생을 한다고 투덜대는 사람도 있었어. 감영 안 사람들은 어떻게 책을 만들고 있었을까?

우선 나무를 바닷물에 담갔다가 찌고 말리기를 반복해서 잘 썩지 않는 목판을 만들었어. 그 목판을 잘 다듬어서 한 자, 한 자 글씨가 나오도록 팠지. 그리고 완성된 목판에 좋은 먹물을 만들어 바르고 두 사람이 종이를 맞잡고 팽팽히 펴서 대었다가 떼어내기를 수 없이 반복했어. 중간에 글씨가 삐뚤어지거나 먹물이 번지기라도 하면 처음부터 작업을 다시 해야 하니 무척 힘들었겠지?

그래도 모두 힘을 합친 덕에 드디어 수학책 백 세트가 완성되었어. 하인들은 꽁꽁 묶은 책 뭉치를 가지고 임금님이 계신 한양으로 떠났단다. 산 넘고 물 건너 눈과 비에 책이 상하지 않게 보물 다루듯 하면서 말이야. 수학책이 도착하자 궁궐 안에서는 어떤 일이 벌어졌을까? 임금님은 이 책을 받고 기뻐하셨을까?

## 늦은 밤 수학을 배우는 임금님

옛날에 병이 나도록 책을 많이 읽는 왕자가 있었어. 밤낮없이 책을 읽는 셋째 왕자를 걱정한 왕은 어느 날 왕자의 방에 있는 책을 모두 없애라고 명령을 내렸어. 그때 병풍 뒤에 책이 한 권 떨어져 있었는데, 왕자는 유일하게 남은 그 책을 어찌나 여러 번 읽었는지 너덜너덜해져서 글씨가 안 보일 정도였다고 해. 가까운 신하들은 중국에서 새 책을 구해 왕자에게 몰래 가져다 주고는 했지. 세월이 흘러 왕위를 물려주게 되었을 때, 신하들은 더없이 총명하며 백성을 위한 마음까지 단단한 셋째 왕자에게 왕위를 물려주기를 간청했어. 그리고 왕위를 물려받은 이 왕자는 우리 역사상 가장 위대한 왕이 되었어. 이제 이 왕이 누군지 알겠지?

맞아. 바로 훈민정음을 창제하신 세종대왕이셔. 세종대왕은 조선의 네 번째 왕으로 1418년부터 1450년까지 32년 동안 나라를 다스리셨어. 세종께서 왕이 되시고 10여 년이 흐른 1430년에 있었던 일이야. 경상감사 신인손이 보낸 책을 선물 받기 3년 전이었지. 아침에 열리는 조회 때마다 "전하, 아니

되옵니다!" 하는 신하들의 목소리가 크게 들려왔어. 그렇게 현명한 임금님께 신하들은 뭐가 안 된다고 하는 것일까? 그것은 임금님이 '정인지'라는 집현전 학자를 스승으로 모시고 직접 수학을 배우려고 한 일 때문이었어. 새벽부터 쉬지 않고 나랏일을 돌보느라 피곤한 몸으로 다시 밤늦게까지 수학 토론을 이어가니 신하들은 걱정했지.

"수학은 산학자나 호조\*의 관리들이 연구하면 됩니다. 임금께서 직접 배우실 필요가 없는데 어찌 몸을 돌보지 않으십니까? 아니 되옵니다!"

신하들이 이렇게 말하며 어찌나 반대하는지 임금님은 신하들의 눈치를 보지 않을 수가 없었어. 옛날에 왕이라고 해서 뭐든지 마음대로 할 수 있는 것은 아니었거든.

똑똑한 세종께서는 나라 살림에 수학이 얼마나 중요하게 쓰이는지 일찍부터 알고 계셨어. 그래서 스스로 수학을 더 공부하려 했고 신하들이 배울 최신 수학 책도 반드시 필요하다고 생각하셨어. 그런데 신하들이 수학을 하찮게 여기고 이

---

\* 조선의 관아 중 하나.

러쿵저러쿵 말이 많으니 고민이 많으셨지. 그러니 지혜로운 세종께서는 다른 신하들 모르게 믿을만한 사람인 신인손을 멀리 경상감사로 보낸 후에 수학 책을 만들어 보내도록 하셨을 거야. 《조선왕조실록》에 보면 신인손이 책을 보냈다는 기록이 남아 있고, 경상감사 신인손은 그 후 한양으로 올라와 승진했다고 적혀 있으니 말이야.

"경상도 감사가 양휘산법 백 권을 왕에게 진상하였다. 이 책들을 집현전, 호조와 서운관의 습산국으로 보내 공부하게 하였다."
— 《조선왕조실록》 세종 15년(1433년) 8월 25일

세종께서 기다린 끝에 드디어 반가운 소식이 들려왔어.
"전하, 경상도에서 전하께 올리는 진상품이 당도해 있사옵니다."
꽁꽁 동여맨 꾸러미에서 수학 책이 쏟아져 나오자 임금님은 애써 기쁜 표정을 감추고 근엄하게 말씀하셨지.
"예로부터 수학을 잘 알면 측량과 계산을 정확히 하여 농

사에도 이롭고, 조세˚ 제도를 공평히 해서 백성들이 편히 사는 데도 도움이 된다. 내 이 수학 책을 그 어떤 보물보다 긴요하게 쓸 것이니 당장 집현전과 호조, 관상감˚˚으로 골고루 보내 익히도록 하여라."

임금님의 명령으로 수학 책은 곧바로 모든 신하에게 전해졌어. 그리고 얼마 후에는 관리가 되는 시험에 수학 문제도 내겠다고 하셨어. 임금님의 수학 공부를 반대했던 신하들을 오히려 수학 공부를 하느라 정신이 없게 되었지. 이뿐만 아니라 수학을 잘하는 관리들을 뽑아 중국으로 유학을 보내고 그 자식들까지 수학을 공부하게 만들었어.

우리가 잘 알듯 세종 시대에는 과학 발명품이 쏟아져 나왔고 의학, 음악, 출판 등 모든 문화가 가장 크게 발전했어. 수학은 세상 모든 학문의 기본이 된다고 하니 당연한 결과겠지? 특히 세종께서 만드신 한글은 오늘날 그 과학성이 증명되어 전 세계에서 가장 훌륭한 '신의 문자'로 칭송받고 있어.

---

\* 백성들에게 거두는 금전이나 재물. 세금.
\*\* 조선 시대에 기후 관측이나 지리학 등의 일을 맡아보던 관청.

한글 창제의 근본 원리는 알수록 놀라운데 사실 그 속에도 수학이 담겨 있단다.

## 비밀스럽게 만들어진 한글

　세계 역사상 백성을 위해 문자를 만든 왕이 또 있을까? 대부분의 왕은 백성들이 고분고분하게 일이나 하고 전쟁에 나가주기를 바랄 뿐이었어. 백성들이 똑똑해지면 오히려 다스리기가 힘들어진다고 생각했지. 그런데 세종대왕은 달랐어. 한글이 탄생하기 전에는 우리말과 전혀 맞지 않는 어려운 한자를 써야 했는데 그나마 양반들이나 배울 수 있었어. 하루 종일 일을 해야 먹고 살 수 있던 백성들은 글을 공부할 시간도 기회도 없었지. 세종대왕은 백성들이 글을 몰라서 겪는 고통을 생각하며 잠을 못 이루셨어.

　그런데 글을 몰라서 고통스럽다니? 당시 백성들의 생활이 어땠는지 궁금하지 않니? 우선 문서를 읽지 못해 나쁜 관리들에게 억울한 일을 당해도 참아야 했어. 또 나라에서 농사법을 적은 책을 나누어 줘도 소용이 없어서 더 많은 노동에 시달려야 했고. 특히 사람의 도리를 교육받지 못해 끔찍한 죄를 짓는 일도 자주 일어나니 세종께서는 이런 것이 모두 임금인 자신의 책임이라고 생각했어.

세종대왕은 쉬운 우리글을 만들겠다고 결심하셨고 그 일을 비밀리에 진행하셨어. 세종의 형제와 자식들, 그리고 특별히 믿을만한 사람만이 한글 창제를 도왔지. 왕자들은 아버지와 머리를 맞대고 하늘(·)과 땅(—)과 사람(ㅣ)을 본뜬 글자를 이리저리 합했고, 시집간 둘째 딸 정의 공주는 궁궐 안팎을 오가며 사투리를 쓰는 백성들의 말씨를 잘 살펴서 한글 창제를 크게 도왔어.

1443년, 오랜 연구 끝에 백성들이 쉽게 배울 만한 문자를 드디어 완성하게 되자 세종대왕은 평소에 눈여겨보았던 집현전의 젊은 학자 일곱 명을 뽑아 말씀하셨어.

"내가 기본 글자 스물여덟 자를 만들었다. 너희가 실제 사용에 문제없는지 검토하고 글자의 원리와 사용법에 대한 해설서를 만들도록 하라."

이 해설서가 바로 《훈민정음해례본》이야. 이제 훈민정음의 존재가 신하들에게 알려졌고 집현전은 발칵 뒤집혔지. 집현전의 대표 책임자였던 최만리와 정창손을 중심으로 여러 학자들은 이런 글자를 쓰면 안 된다고 반대하는 상소문*을 매일 임금님께 올렸어.

"우리나라는 대대로 중국을 섬기고 글과 법도를 같이 했는데 언문(훈민정음)이라니요? 한자를 버리고 문자를 만드는 것은 오랑캐나 하는 짓입니다. 중국에 알려지기라도 하면 그 부끄러움을 어찌하려고 하십니까? 음을 쓰고 글자를 합해 쓰는 것은 모두 옛것에 어긋나는 일이요, 이렇게 배우기 쉬운 글자를 사용하면 어려운 한문을 배우지 않아 성리학**을 공부하는 데 방해가 됩니다."

지금 우리가 보면 어이없는 주장이지만 수백 년 동안 중국 문화를 따르던 당시 양반들은 조선이 문자를 따로 만들어 쓴다는 것이 큰 충격이었어. 또 백성들이 글을 몰라야 편하다고 생각하는 못된 양반들도 많았겠지? 하지만 신하들이 아

---

\* 임금님께 올리던 글.
\*\* 조선에서 가장 중요하게 생각한 학문.

무리 반대해도 세종대왕은 조금도 물러서지 않았어. 중국을 따르되 우리 것을 지켜야 한다고, 또한 언문은 백성들이 편히 쓰도록 만든 글자라고 신하들을 설득했고 정 안 되면 잠시 옥에 가두기도 했어. 그런데 수많은 신하 중에서 정창손만은 절대 용서할 수가 없었다고 해. 그는 "백성들이 글을 읽고 깨우친다고 해봐야 그 천품은 결코 교화될 수 없습니다."라고 말하며 반대했거든. 즉, 백성들은 아무리 글을 읽도록 가르쳐도 날 때부터 천하고 어리석어 바뀌지 않을 것이라고 한 셈이니 우리가 들어도 화가 나지? 세종께서는 크게 분노해 당장 정창손의 벼슬을 빼앗고 귀양을 보내는 벌을 내리셨어.

상상해 보면, 세종께서는 한글 반포를 두고 신하들의 찬반이 끊이지 않자 신하들이 모인 자리에서 이런 제안을 하셨을 것 같아.

"여봐라! 모두 붓과 종이를 앞에 놓도록 해라. 지금부터 내가 말하는 바를 그대들의 만만치 않은 한문 실력으로 받아 적어 보겠는가?"

신하들은 최선을 다해보겠다며 내심 자신 있게 붓을 들었어. 세종께서는 "내가 말하는 것을 빠짐없이 다 적어야 한다."고 다짐을 받고는 문제를 내셨어.

"봄볕에 졸고 있는 통통한 암탉에게 짓궂은 아이가 살금살금 다가갔다. 옆에 있던 북슬강아지가 멍멍 짖어대고 놀란 암탉이 푸드덕거리니 나뭇잎 하나가 빙그르르 떨어져 물가에 동동 뜨는구나."

자신 있게 붓을 들었던 신하들의 이마에는 식은땀이 흘렀어. 한자로는 적을 수 없는 말이 많았거든. 팔을 덜덜 떨며 글자를 먹물로 썼다가, 시커멓게 지웠다가, 종이를 구겨버렸다가, 어쩔 줄 몰라 했지. 답안지는 결국 엉망이 되었겠지? 이때 세종대왕은 크게 호통을 치면서 서릿발 같은 위엄을 보이셨을 거야. 《조선왕조실록》을 보면 실제로 반대하는 신하들에게 이런 말씀을 하셨다고 나오거든.

"이렇듯 우리말과 한자가 다른데 백성들이 글을 배우지 못해 겪는 고통이 너희는 안중에도 없는 것이냐? 과거에 한자의 음훈\*을 빌려 이두\*\*를 썼던 일은 옳았다고 하고, 내가 만

---

\*   한자와 같은 표의 문자의 음과 뜻.
\*\*  '선화공주님은'이라는 말을 '善花公主主隱'이라고 적는 방식. 한자를 그대로 읽으면 '선화공주주은'이 되지만 네 번째 글자인 '主'는 주로 읽고, 다섯 번째 글자인 '主'는 같은 글자라도 한자의 뜻인 '님'으로 읽는다.

든 언문은 비난하는 이유가 무엇이냐? 음운학을 잘 알지도 못하면서 끼어들지 말라."

이렇게 세종께서는 한글을 반대하는 신하들을 설득하고 감옥에 가두기도 하면서 1446년에 훈민정음을 반포하셨어. 그리고 백성들을 직접 대하는 낮은 관리들부터 먼저 익히게 해서 백성들의 어려움을 덜어주자 쉽게 배울 수 있는 훈민정음은 나라 전체로 빠르게 퍼져나갔지. 만약에 세종대왕님이 양반들과 중국의 눈치를 보느라 뜻을 굽히셨다면, 그래서 우리가 계속 남의 글자를 썼다면 어떻게 되었을까? 생각만 해도 아찔해.

한글이 조선 시대에 실제로 널리 쓰였는지 궁금하다고? 여기 증거가 있어. 정조 임금이 어릴 적에 외숙모에게 보낸 안부 편지야. 조선 시대의 어린이가 한글로 쓴 편지인 셈이지.

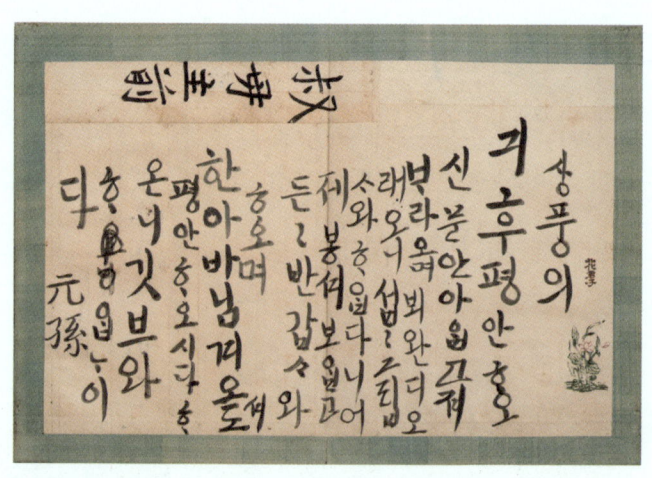

정조 어필 한글 편지첩
출처: 국립한글박물관

지금 우리가 쓰는 한글은 국어학자들이 노력해서 많이 다듬은 것이라 옛날의 한글과는 조금 달라. 그래도 천천히 읽어 보면 이런 내용이야.

서릿바람에 기후 평안하신지 문안 알고자 합니다. 뵈온 지 오래되어 섭섭하고 그리웠는데 어제 편지 보니 든든하고 반갑습니다. 할아버지께서도 평안하시다 하니 기쁘옵니다.

— 원손

이렇듯 당시 한글은 여인들과 백성들은 물론 왕과 양반들도 즐겨 쓰고 있었어. 계급과 연령에 상관없이 널리 사용되었지. 특히 나라에서 새로운 소식을 알릴 때 한글로 적으니 백성들은 더 이상 답답하지 않았어. 누구나 한글을 익히면 편지나 일기를 자유롭게 쓰고 재미있는 이야기도 지어내니 사람들의 생활이 훨씬 편리해졌지.

## 세상에서 제일 훌륭한 글자

마이땅라오, 싱빠커, 컨트어지.
마크도나루도, 스타바, 켄타.

이게 다 무슨 소리일까? 첫째 줄은 중국, 둘째 줄은 일본에서 맥도날드, 스타벅스, KFC를 부르는 말이야. 만약 중국에 갔을 때 친구와 스타벅스에서 만나기로 하고 길거리에서 만난 중국인에게 "스타벅스가 어디 있지요?"라고 묻는다면 알아듣지 못해서 진땀을 빼겠지? 우리는 외국어 원음에 가깝게 한글 표기가 가능한데 말이야.

우리는 자음과 모음 스물네 자만 알면 블록을 갖고 놀 듯이 글자를 맞추어 지구상의 거의 모든 소리를 글로 쓸 수 있어. 그런데 누구나 자기 나라 문자를 이렇게 쉽게 배워 쓰는 게 아니야. 우리와 가까운 중국을 보아도 뜻마다 글자가 다 달라서 수만 자의 글자를 모두 외워야 문장을 적을 수 있어. 일본도 한자와 고유 문자를 함께 쓰고 있어서 더 복잡해. 게다가 새로운 단어는 계속 생기고 글자 수도 계속 늘어나니 평생 배워도 다 못 배우겠지?

이렇게 문자가 어렵거나 아예 없는 나라는 국민의 문맹\* 률이 높아 큰 고민이었어. 그런데 컴퓨터가 보급되고 정보화

---

\* 글자를 모른다는 뜻.

시대가 되면서 이런 나라는 더욱 큰 고민에 빠지게 되었어. 몇 만 개가 넘는 한자의 경우 컴퓨터 자판에 글자를 다 담을 수가 없어. 그래서 발음을 영어 알파벳으로 입력하고 나서 다시 자기 나라의 문자로 바꾸기로 했지. 뜻이 여러 가지인 발음은 또 다시 구분해야 해. 한 글자를 완성하려고 최소한 대여섯 번 키를 눌러야 하니 일반인들이 쉽게 컴퓨터를 쓸 수 있을까?

그런데 우리는 어때? 어릴 때부터 너무 쉽게 컴퓨터와 친해지지? 한글은 누구나 쉽고 빠르게 배워서 쓸 수 있고 컴퓨터의 자판에 담기 딱 맞는 문자이기 때문이야. 우리는 1980년대부터 회사와 학교에 컴퓨터가 보급되었고 집집마다 개인마다 컴퓨터를 쓰는 일도 순식간에 이루어졌어. 다른 나라보다 10년은 빠르게 정보화 시대를 앞당긴 것이지. 오늘날 우리의 모든 문화와 제품이 세계적 인기를 누리게 된 것도 인터넷을 빠르게 활용했기 때문일 거야. 훈민정음이라는 문자가 우리나라의 미래에 큰 힘이 될 것을 세종께서는 알고 계셨을까?

## 한글을 살펴보면 수학이 들어 있어

한글이 얼마나 과학적이고 쉬운 문자인지는 휴대폰 문자 입력 방식만 봐도 바로 알 수 있어. 지금 우리 친구들은 일반 컴퓨터의 키보드와 배치가 비슷한 '쿼티 자판'을 주로 쓰고 있지? 그런데 사람들은 1990년부터 지금까지 무려 30여 년이 넘게 '천지인 자판'을 사용해왔어. 그래서 천지인 자판이 더 익숙한 친구들도 있을 거야.

천지인 자판　　　　　　쿼티 자판

천지인 자판을 보면 한글 창제 당시의 기본 모음 세 자를 그대로 쓰고 있어. 쿼티 자판은 모음의 숫자가 늘어났지? 모음 단추를 여러 번 눌러서 글자를 만드는 과정을 줄여 더 빨리 입력하기 위해서야. 어떤 자판을 쓰든 우리는 글자를 마음껏 만들어 쓸 수 있어. 많지 않은 자음과 모음을 합해 수많은 글자를 만들어내는 것을 보면 세종께서 만드신 한글 창제의 원리를 쉽게 알 수 있지.

자음은 열네 가지가 있는데, 발음 기관의 모양을 본뜬 다섯 자를 기준으로 자음을 만들었어.

세종께서는 소리 나는 발음 기관의 모양을 본떠서 기본 자음 다섯 자를 만드셨어. 우리는 현재 이 기본 자음 다섯 자에 획

을 더한 홑자음 열네 자와 겹쳐서 만든 쌍자음 중 다섯 자를 합해 모두 열아홉 자를 한글의 첫소리로 쓰고 있어.

| 홑자음 |
| --- |
| ㄱ, ㄴ, ㄷ, ㄹ, ㅁ, ㅂ, ㅅ, ㅇ, ㅈ, ㅊ, ㅋ, ㅌ, ㅍ, ㅎ |

| 쌍자음 |
| --- |
| ㄲ, ㄸ, ㅃ, ㅆ, ㅉ |

세종께서는 둥근 하늘과 평평한 땅과 우뚝 선 사람 모양을 본떠서 기본 모음 세 자를 만드셨어. 우리는 현재 이 기본 모음을 서로 더해 만든 홑모음 열 자와 여기에 또 획을 더해 만든 쌍모음 열한 자를 합해 모두 스물한 자의 모음을 가운뎃소리로 쓰고 있어.

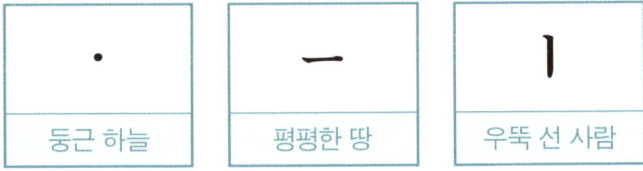

| 홀모음 |
|---|
| ㅏ, ㅑ, ㅓ, ㅕ, ㅗ, ㅛ, ㅜ, ㅠ, ㅡ, ㅣ |

| 쌍모음 |
|---|
| ㅐ, ㅒ, ㅔ, ㅖ, ㅚ, ㅟ, ㅢ, ㅘ, ㅙ, ㅝ, ㅞ |

세종께서는 한글의 끝소리로 쓰는 받침을 새로 만들지 않았어. 우리는 현재 홑자음 열네 자와 겹자음 열한 자, 그리고 쌍자음 중에 두 자를 합해 모두 스물일곱 자를 한글의 끝소리로 쓰고 있지.

| 홑자음 |
|---|
| ㄱ, ㄴ, ㄷ, ㄹ, ㅁ, ㅂ, ㅅ, ㅇ, ㅈ, ㅊ, ㅋ, ㅌ, ㅍ, ㅎ |

| 겹자음 |
|---|
| ㄳ, ㄵ, ㄶ, ㄺ, ㄻ, ㄼ, ㄽ, ㄾ, ㄿ, ㅀ, ㅄ |

| 쌍자음 |
|---|
| ㄲ, ㅆ |

그러면 첫소리(초성), 가운뎃소리(중성), 끝소리(종성)로 쓸 수 있는 자음과 모음은 모두 몇 자일까? 맞아. 처음에 천지인과 발음 기관을 본뜬 여덟 자에서 쉰한 자로 늘어났어. 이것을 블록 끼우듯 서로 모아쓰기를 해서 만들어낼 수 있는 한글은 또 몇 자나 될까?

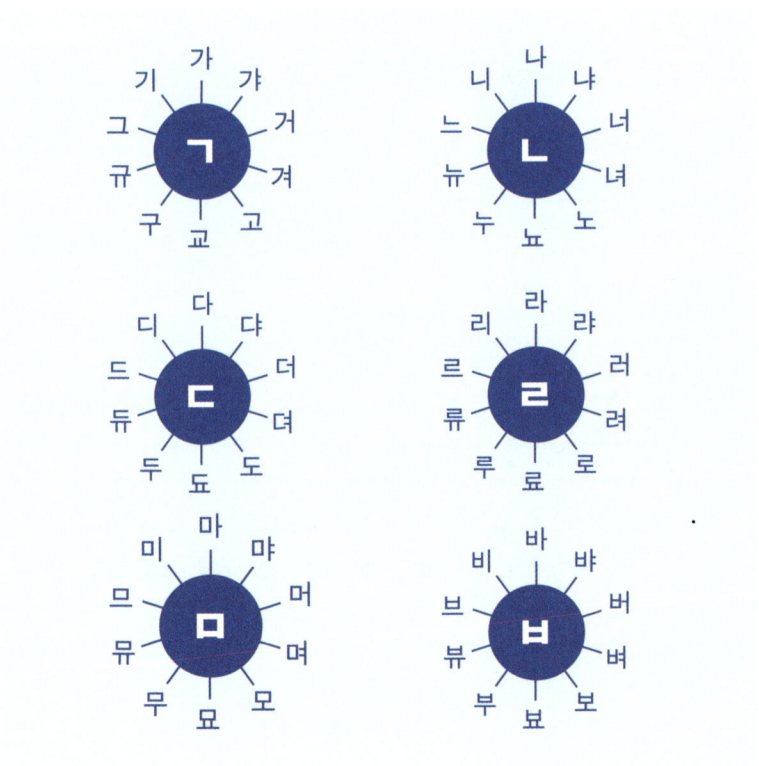

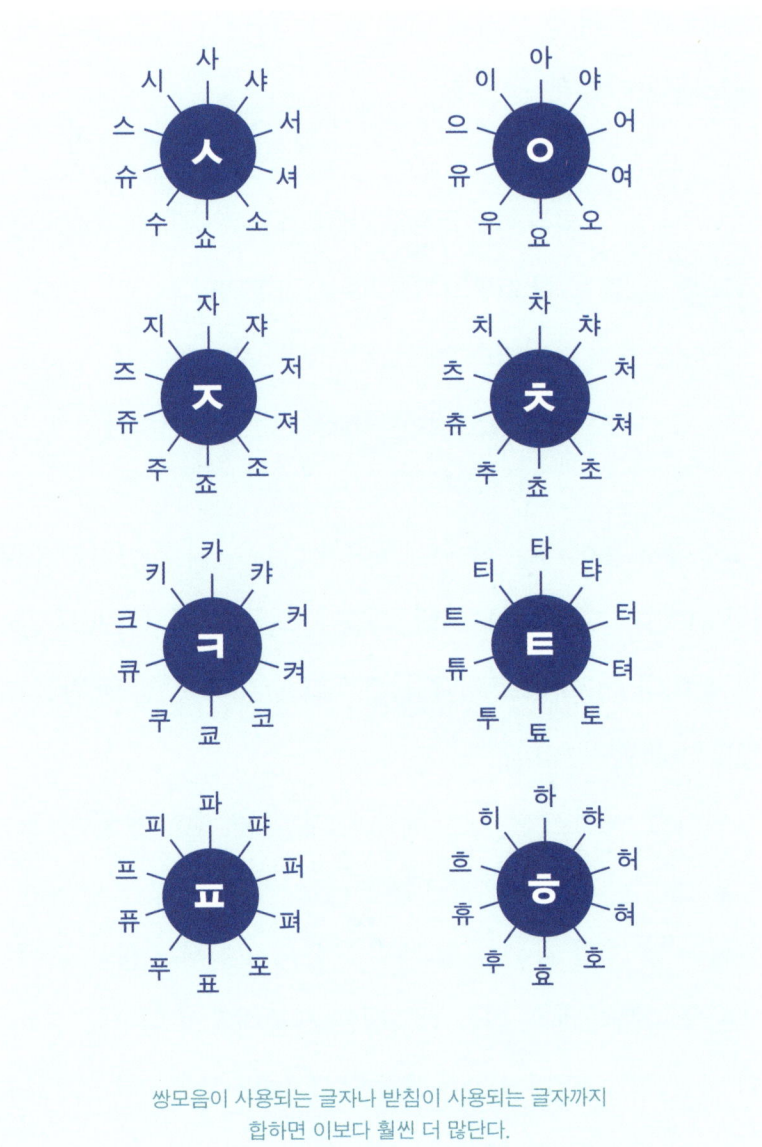

쌍모음이 사용되는 글자나 받침이 사용되는 글자까지
합하면 이보다 훨씬 더 많단다.

1부 훈민정음에 수학이 숨어 있다고?

이렇게 하나씩 세려니 너무 많지? 하나씩 세지 않고 계산해보자면 이렇게 된단다.

> 받침 없는 글자를 만들어보면 399자
> 끝소리 27자를 하나하나 붙이면
> 19 × 21 × 27 = 10773자
> 여기에 받침 없는 글자 399자를 더하면 11172자

이 글자 중에서는 실제로 쓰이지 않는 글자도 있지만, 대략 1만 1170여 자가 된다고 해. 여덟 개의 기본자가 1만여 글자로 늘어나고, 이것으로 다시 무수한 단어와 문장을 만들 수 있다니 놀랍지 않아?

이처럼 세종께서 생각해내신 방법을 수학에서는 조합combination이라고 해. 조합은 쉬운 말로 '모임'을 짓는 단원이야. 한글은 몇 개의 자음과 몇 개의 모음이 모여서 수많은 단어와 표현을 만들어내지. 이런 과학성은 세종대왕의 뛰어난 수학적인 사고력이 있었기에 가능하지 않았을까?

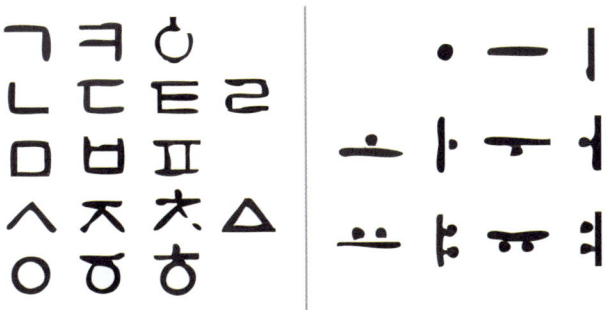

《훈민정음해례본》에 등장하는 최초의 자음과 모음 글꼴

그런데 이렇게 생각하는 친구들도 있을 거야. "수학은 숫자가 나오고 그걸 더하거나 빼는 과목 아닌가요?" 꼭 그렇지는 않아. 사실 수학은 논리적 사고를 기르기 위한 과목이야. 숫자는 하나의 도구일 뿐이고, 수학 중에는 숫자가 전혀 나오지 않는 분야도 있어. 한글 모양을 잘 살펴보기만 해도 숫자 없는 수학을 찾을 수 있단다. 우리는 매일 봐서 잘 느끼지 못하지만 한글을 처음 보는 외국인은 "저 동그라미와 세모와 네모가 정말 글자가 된다고?"라며 깜짝 놀라. 수학에서 가장 기본이 되는 도형이 바로 원과 삼각형과 사각형, 또 수평선과 수직선인데 한글은 이런 점과 선과 원으로 구성되어 있으니 놀랄 수밖에 없지.

   그리고 '아'를 빙글빙글 90도 돌려봐. '어'와 '오'와 '우'로 같은 자리에서 발음만 달라져. 만일 알파벳 'A'와 한자 '日(날 일)'을 돌린다고 생각해봐. 아무것도 되지 않아. 한 자리에서 모양을 돌려서 여러 음을 만들어 내는 효율성은 한글에서만 가능해. 이것은 현대수학의 한 분야인 위상수학topology의 동형사상isomorphim이라는 아주 아주 어려운 이론과 통하는 것이라고 하니 한글은 알수록 신비하지?

또한 도형과 선과 각이 있는 독특한 한글의 모양은 조화와 균형미까지 갖추고 있어서 아름다워. 어느 방향으로 써놓든 다 읽을 수도 있어. 그래서 예술가들은 한글 디자인을 작품에 많이 이용하기도 해.

한글은 가로로 쓰든 세로로 쓰든 읽기 쉽지만,
영어는 세로로 쓰면 읽기 어려워지지.

최고로 아름다운 예술 작품이나 건축물에는 수학적 비례와 균형이 숨어 있다고 하지? 달걀의 곡선이나 솔방울의 비늘 조각 같은 자연에도 수학적 규칙이 나타난다고 해. 한글은 그 자체로 수학을 닮은 모양을 하고 있으니 세종께서는 어떻게 이런 문자를 만드셨는지 정말 놀라울 뿐이야.

## 세계인과 함께 사용하는 한글

 '꽃미남'이나 '뒤죽박죽' 혹은 '껄껄껄' 같은 우리말을 영어나 한자로 번역할 수 있을까? 아마 길게 설명해야 그 의미를 조금 전할 수 있을 거야. 외국인들은 이런 한국어 표현을 어려워하면서도 무척 부러워해. 특히 K팝이 폭발적 인기를 끌면서 우리말이 얼마나 아름답고 섬세한지 널리 알려지게 되었지. 이제는 전 세계에서 가장 인기 있는 가수가 된 BTS의 지민이 2020년에 공개한 노래 〈크리스마스 러브〉에는 '소복소복'이라는 가사가 있었어. K팝에 열광하는 해외 팬들에게 이 단어는 곧 최고의 화제로 등장했지.

 "이 단어 발음이 너무 귀여운데 이게 무슨 뜻이야?"

 "영어로 표현할 길이 없네. 누가 해석 좀 해봐!"

 "아, 답답해. 영어가 너무 싫다. 한국어를 미치도록 배우고 싶어."

 "이런 말을 온전히 이해하는 한국인이 너무 부러워."

 '소복소복'이 어떤 느낌인지 우리는 너무 잘 알지? 그런데 영어로는 그냥 'falling, falling(내린다, 내린다)'이라고 해석할 수밖에 없으니 답답할 수밖에. 이런 반응은 매일 각 나라의 톱 뉴스가 되었어. K팝의 인기가 높아질수록 우리말의 우수성은 더욱 널리 알려졌고 실제로 한국어 배우기 열풍으로 이어지게 되었지. 세계 여러 나라에서 한글 수업에 도움을 달라는 요청이 들어와 일일이 응대하기가 벅찰 정도였어. 지금은 TV에서 유명한 스포츠 구단 선수들이 한글을 새긴 유니폼을 입고 뛰는 깜짝 쇼도 볼 수 있어. 외국인들은 이 한글 유니폼을 다투어 사 입고 "예뻐! 예뻐요!"를 연발하며 사진을 찍으니 한글의 인기가 얼마나 높은지 알 수 있지?

세종의 수학 스승이기도 한 정인지는 《훈민정음해례본》을 쓰며 "정음의 창제는 사람으로서 세종께서 한 일이 아니라 하늘의 뜻을 세종께서 대신한 것입니다."라고 적었어. 즉 훈민정음을 '신의 문자'라고 칭송한 거야. 그런 칭송을 증명하듯 훈민정음은 1997년 세상의 모든 문자 중 유일하게 '유네스코 세계 기록 문화 유산'으로 정해졌어. 유네스코에서는 해마다 '세종대왕상'이라는 이름으로 문맹 퇴치 공로상을 주고 있지. 또한 문자가 없는 민족과 나라에 한글을 사용하라고 권하고 있어. 실제로 인도네시아의 소수 민족인 찌아찌아

족은 한글을 받아들여 자기 민족의 고유 언어가 사라지지 않도록 지키고 있다고 해. 어때? 수학을 담은 '신의 문자' 한글! 알고 보니 더욱 자랑스럽지?

찌아찌아족이 한글을 사용하는 모습
출처: Bagas Hutagalung

## 2부

# 산가지로 마법을 부리는 조선의 수학 천재

중국 사신과의 대결에서 이긴 홍정하

## 중국 최고의 수학자가 온다는 소식

숙종 임금 때인 1713년 5월 어느 날, 궁궐 안이 갑자기 분주해지기 시작했어. 조선에 중국 청나라 사신이 온다는 기별이 전해지자 손님 맞을 준비를 빈틈없이 하느라 정신이 없었지. 옛날에 중국 사신을 맞이하는 일은 아주 중요한 문제였어. 사신이 자기 기분에 따라 조선에 당치않은 요구를 할 때도 있어서 왕과 신하들은 바짝 긴장했거든. 조선으로서는 줄 건 주되 얻는 것이 있도록 작전을 짜야 했지.

그런데 이때 온 중국 사신들은 좀 특별했어. 조선의 지리를 조사하려는 목적으로 중국이 자랑하는 수학자이자 천문학자를 함께 보낸 거야. 바로 하국주라는 학자였지. 하국주는 중국 황실 천문대에서 역법을 연구하는 일을 맡던 관리였어. 역법이란 천체의 움직임을 기준으로 달, 일, 시를 나누는 방법을 말해. 쉽게 표현하자면 달력을 만드는 일이라고 할까?

옛날에 정확한 달력을 만드는 일이 얼마나 중요했는가 하면, 역법이 왕조의 흥망을 좌우할 정도였어. 정확한 역법이 있으면 농사를 잘 지을 수 있으니 식량 생산이 늘어나고, 그럼 다시 인구가 늘어나. 이렇게 되면 다른 왕조와의 경쟁에서도 이길 수 있어. 또 당시 사람들은 농업과 어업을 주로 하며 살아갔기 때문에 계절을 구분하고 한해의 기후를 아는 것은 목숨이 걸려 있는 문제였어. 하늘의 변화를 연구해 달력을 만들고, 길흉을 점치고, 괴이한 현상인 일식과 월식을 예측하는 업무를 개인이 할 수 없으니 백성들은 나라에서 역법을 만들어주면 큰 혜택에 감사하고 왕을 우러러 보았단다.

중국 황실에서는 역법을 만드는 일이 중국만의 권한이라고 정했어. 주변 나라는 머리를 조아리고 결과만 받아쓰도록 했지. 역법을 연구하려면 뛰어난 천문학자와 수학자를 길러야 했는데 하국주는 대대로 황제의 총애를 받는 천문학자 집안의 자손이었어. 청나라 시대를 대표하는 수학 책과 과학 책을 쓴 인물이니 그 실력을 알만하겠지?

이때 하국주가 온다는 소식을 듣고 가슴이 마구 뛰는 조선인이 있었어. 바로 조선 수학사에 위대한 업적을 남긴 홍정하라는 분이야. 홍정하는 스물한 살 나이로 어려운 산학 시험에 합격했는데 당시에는 산학청의 하급 관리로 있었어. 대대로 수학자가 많은 집안에서 태어나 어려서부터 수학을 배운 데다가 수학적 재능도 타고나서 그 실력이 뛰어나다고 이미 알려져 있었지. 당시 산학 시험에 합격한 110명 중에 100명이 홍정하의 집안 사람이었다고 해. 태어나 보니 증조할아버지부터 부모 형제는 물론 아들, 장인, 사위, 조카까지 모두 수학자였으니 그들이 평소에 나누는 대화는 모두 수학 이야기가 아니었을까? 우리가 골치 아파하는 수학 이야기를 문안 인사 때 하고, 놀이로 하고, 농담으로도 했을 것이라고 생각하니 참 대단하지?

수학의 고수라면 누구에게든 달려가 배울 만큼 수학에 대한 열정이 넘쳤던 홍정하는 이렇게 생각했을 거야.

'중국 최고의 수학자가 한양에 오다니! 이건 흔한 일이 아니야.'

그는 중국에서 오는 대학자를 꼭 만나리라 손꼽아 기다렸어.

## 산가지로 부리는 마법

홍정하는 바라던 대로 하국주를 만났을까? 그 기회는 생각보다 빨리 왔어. 사신들에게 연회를 베풀던 자리에서 하국주가 갑자기 "조선에도 수학을 잘하는 학자가 있소이까?"라고 물었던 거야. 옛날 양반들이 연회를 즐기면서 자신의 재주와 학식을 뽐내는 것은 그리 낯선 일이 아니었어. 서양의 귀족들도 상금을 걸고 수학 문제를 맞추는 파티를 열었다고 해. 그러면서 수학이 사람의 머리를 똑똑하게 만든다는 이유로 평민에게는 배우지 못하게 하기도 했다니 참 어이가 없지?

아마 하국주는 조선 사람들 앞에서 자신의 수학 실력을 뽐내며 중국의 수학 수준이 조선보다 훨씬 앞선다는 것을 자랑하고 싶었을 거야. 이런 하국주 앞에 조선의 수학자 홍정하와 유수석 두 사람이 나서게 되었어. 그리고 역사에 남는 두 나라 학자의 수학 문제 풀이 시합이 펼쳐지게 되었지.

"사력(하국주의 벼슬)께서는 천문과 산학 등에 두루 학식이 뛰어나 명성이 높은 분으로 감히 배움을 청하고자 뵙기를 고대하고 있었습니다."

홍정하가 겸손하게 말하자 하국주는 한층 기분이 우쭐해졌어. 그리고 조선 수학자의 실력을 깔보며 아주 쉬운 곱셈, 나눗셈 문제부터 내기 시작했어.

"360명이 있소. 한 사람이 은 1냥 8전을 내면 그 합계는 얼마겠소?"

"648냥입니다."

우리 수학자는 3초도 지나지 않아 대답했어. 참고로 1냥은 10전이야. 그러니까 이 문제는 이렇게 되지.

$$(360명) \times (18전) = (6480전) = (648냥)$$

"그럼 제곱해서 225평방자*일 때 한 변의 길이는 얼마요?"

"15이지요"

역시 바로 대답했지. 문제를 내자마자 바로 대답하니 하국주가 얼마나 놀랐을지 상상이 되니? 조선의 수학자들은 복잡한 문제를 어쩌면 이렇게 빨리 풀었을까? 힌트를 얻기 위

---

\* 전통적 면적 단위. 가로 1자 곱하기 세로 1자는 1평방자가 된다.

해 잠시 다른 이야기를 해보자.

　친구들, 숫자 1부터 100까지 모두 더하면 얼마가 될까? 1+2+3+4……. 어려운 문제는 아니지만 100까지 전부 더하려면 한참 걸리겠는걸? 그런데 서양의 천재 수학자로 불리는 가우스는 이 문제를 푸는 데 1분도 걸리지 않았다고 해. 이렇게 풀었기 때문이지.

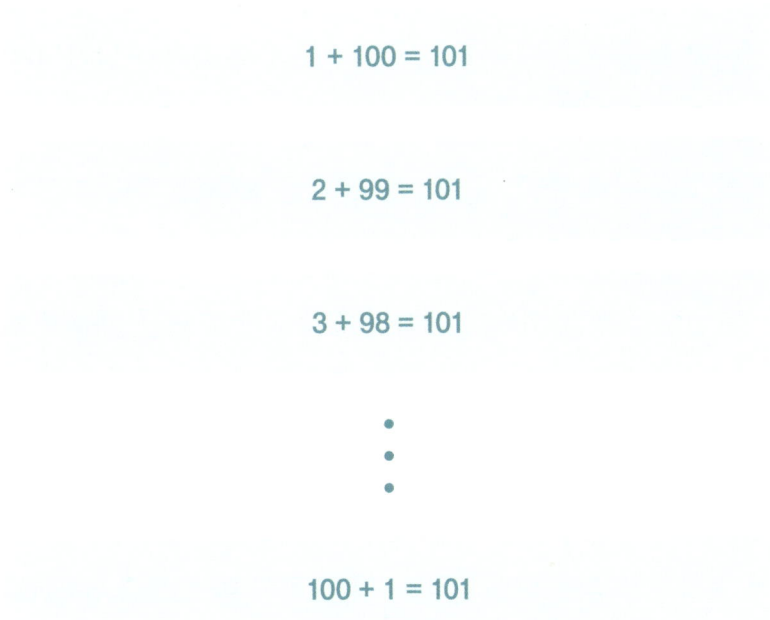

이렇게 하면 101이 모두 100개가 나올 거야. 그런데 1부터 100을 한 번씩만 더해야 하는데 우리는 두 번씩 더했네? 그럼 절반으로 나누자.

$$101 \times 100 \div 2 = 5050$$

이렇게 풀면 즉시 답을 구할 수 있어. 홍정하가 남긴 수학책을 살펴보면 그도 가우스 못지않은 천재였다는 사실이 느껴져. 그러니까 중국 사신이 낸 문제를 풀 때도 어떤 기발한 방법을 써서 바로 답했을 거야.

한편 조선의 수학자가 계속해서 순식간에 답을 내놓자 하국주는 자세를 고쳐 잡았어. 이번에는 정말로 어려울 것이라고 생각하며 새로운 문제를 냈지.

"두 개의 정사각형이 있소. 그 넓이의 합이 468평방자고 큰 정사각형의 한 변의 길이는 작은 쪽의 한 변보다 6자만큼 길지요. 두 정사각형의 각 변의 길이는 얼마이겠소?"

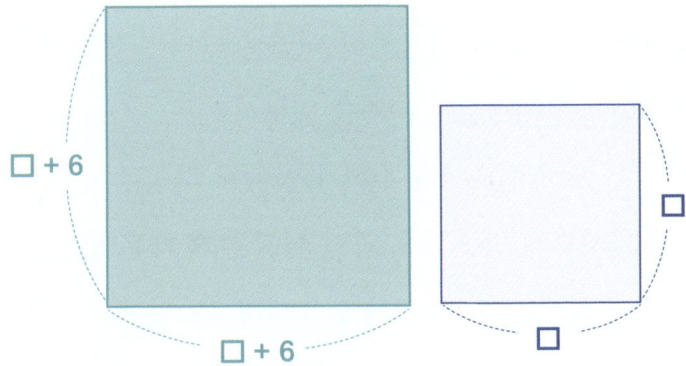

이 문제는 어려운 방정식을 푸는 문제였는데 조선의 수학자들에게는 아주 쉬운 것이었어. 조선에서는 그 당시 중국에는 없는 산가지라는 계산 도구를 가지고 방정식 풀이법을 크게 발전시키고 있었거든. 우리 수학자는 이번에도 어렵지 않게 답을 내놓았어.

"큰 정사각형 한 변의 길이는 18자, 작은 정사각형은 12자이지요."

하국주가 아무리 어려운 문제를 내도 우리 수학자가 단박에 풀어내자 옆에 있던 다른 사신 아제도가 하국주의 체면을 세워주려고 참견했어.

"우리 사력(하국주)께서는 수학 실력이 천하에 네 번째요, 그의 뱃속에 수학이 가득하여 여러분 따위는 견줄 바가 못 되니 이번에는 여러분이 문제를 내보시오."

이 말은 오히려 조선의 수학자 앞에서 하국주가 쩔쩔매는 결과를 가져오게 만들었어. 과연 어떤 문제 때문이었을까?

"여기에 공 모양의 옥석이 있습니다. 그 안에 정육면체의 옥이 담겨 있는데 그것을 뺀 껍질의 무게가 265근이고 껍질의 두께는 4치 5푼입니다. 둥근 옥석의 지름과 정육면체 옥의 한 변의 길이는 각각 얼마입니까?"

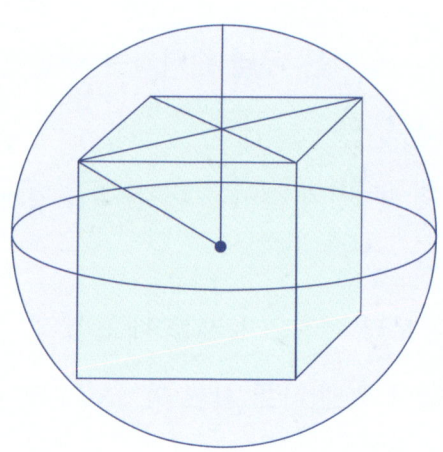

이 문제는 그 당시 중국의 수학 수준으로는 도저히 풀지 못할 어려운 방정식 문제였어. 하국주는 오랫동안 끙끙대다가 이렇게 말했지.

"이 문제는 매우 어렵소. 당장에는 풀지 못하나 내일은 반드시 답을 주겠소."

그러나 결국 중국으로 돌아갈 때까지 끝끝내 풀지 못했어. 하국주는 비로소 조선 수학자들의 실력을 인정하고 고개를 숙이며 물었지.

"수학 중에 방정식 문제가 가장 어려운데 나무 막대를 꺼내 이리저리 놓으며 순식간에 계산을 하니 그것이 무엇이오?"

하국주가 물어본 것은 '산가지'를 이용한 계산법이었는데 하국주는 이것을 무척 신기하게 여겼어. 하국주가 산가지를 중국으로 가져가고 싶다고 부탁을 하자 홍정하는 당장 가지고 있던 산목 40개를 추려 주면서 계산 방법까지 자세히 가르쳐 주었어.

하국주는 구겨진 체면을 세우려고 서양 수학을 소개했어. 천주교 선교사들이 막 청나라에 전해준 삼각함수에 관한 내용이었는데 조선의 수학자는 아직 모르는 것이었지. 홍정하가 눈을 반짝이며 "아무리 어려워도 배울 수 있으니 가르쳐 주십시오."라며 달려들자 하국주는 "당장은 곤란하오. 삼각함수표가 있어야 배울 수 있으니 중국에 돌아가 그 표를 보내주겠소."라며 떠났어. 하지만 아무리 기다려도 삼각함수표는 오지 않았어. 지금은 삼각함수표를 고등학교 교과서만 펼쳐도 찾을 수 있어. 그러나 당시에는 흔하지 않았지. 사실 이미 조선에 들어와 있었는데 그 귀한 자료를 누군가 궁궐 깊은 곳에 모셔 두고 있으니 말단 관리였던 홍정하와 유수석은 볼 수가 없었던 거야.

## 옛날의 계산기 산가지

옛날 우리나라 사람들은 산대 계산법을 익혀서 능숙하게 사용했어. 외국인이 쓴 조선 여행기를 보면 조선의 수학 관리들이 산가지를 쓰는 모습을 보고 이렇게 적었다고 해.

"구구단을 크게 암송하며 막대기로 셈하는 모습이 신기했다."

"보자기에 싸서 가지고 다니며 펼쳐 놓고 계산할 때면 그 손놀림이 보이지 않을 정도로 빨랐다."

우리나라는 수학을 아주 중요하게 여겨서 조선 시대뿐 아니라 삼국 시대와 고려 시대에도 수학 관리를 뽑는 제도가 있었어. 고려 시대에 있었던 시험 장면을 한번 들여다볼까? 시험장에는 여섯 명의 면접관이 있고 시험을 보는 젊은이가 앉아 있어. 첫 번째 시험 관리가 말했어.

"수학 책 《구장산술》 제9장 10번째 문항을 외워보시오."

한 젊은이가 자신 있게 외우고 나자 다른 시험 관리가 문제를 냈어.

"가로 24보, 세로가 36보인 사각형 모양의 밭의 넓이는 얼마입니까?"

젊은이는 통에서 가느다란 막대를 꺼내 책상 위에 놓고 빠르게 계산했어.

"밭의 넓이는 864입니다."

젊은이는 기본 교재를 하루 외우고, 다음 날은 문제를 풀고, 면접시험까지 통과해서 수학과 관련된 벼슬을 얻을 수 있었지.

이때 시험장에서 사용한 가느다란 막대. 이것이 하국주가 중국으로 가져간 산가지(산목, 산대)야. 산대는 기원전 1,000년 경부터 사용되었어. 우리가 글을 모르던 어릴 적에 과자와 사탕을 덜고 더하면서 수를 센 것처럼 오래전 옛사람들도 나뭇가지나 돌멩이로 수를 표시했을 거야. 점점 문명이 발달하고 계산이 복잡해지니 대나무를 둥글게 깎거나 나무를 세모, 네모 형태로 만들어 산대로 썼어. 나중에는 길게 쪼개고 그 길이를 짧게 하여 들고 다니며 편리하게 사용하게 되었지.

이 산대를 산算 또는 주籌라고 해서 옛날에는 수학을 산학 또는 주학이라고 불렀어. 중국에서는 수학이 크게 발전했던 송나라와 원나라 때까지는 산대 계산법을 사용했지만 명나라가 들어서고 15세기 중반 이후 점차 사라졌어. 명나라 때 상업이 발달하자 산가지를 버리고 실용적인 계산만 하는 주판을 만들어 사용했거든. 송나라와 원나라 시대의 수학은 완전히 잊히고 개방법(방정식을 만드는 법)도 천원술(방정식을 푸는 법)도 모르게 되었지. 그러니 홍정하가 천원술을 알아야만 풀 수 있는 문제를 냈을 때 하국주는 당연히 풀 수 없었던 거야.

우리나라에는 삼국 시대에 산가지가 처음 들어왔는데 생

활에 활발히 사용하고 독자적으로 발전시켰어. 나라의 큰 살림을 계산하고 수학을 연구하는 수학 관리가 되려면 산대를 반드시 능숙하게 사용해야 했고 장터의 상인들도 익숙하게 산가지를 사용하며 장사를 했어. 골목에서는 어린아이들이 싸리나무를 꺾어 쥐고 땅바닥에 늘어놓으며 산가지로 놀이를 했지. 산가지의 배열 방식을 알려주는 이런 노래를 부르면서 말이야.

일은 세로로 십은 가로로
백은 서고 천은 넘어졌네
천과 십은 우러러보고
만과 백은 서로 마주 대한다

설명하자면, 첫째, 셋째, 다섯째 자릿수, 즉 일, 백, 만의 자릿수는 산가지를 세우고 십, 천, 십만의 자릿수는 산가지를 뉘어서 나타낸다는 말이야. 헷갈리지? 자, 천천히 살펴볼까?

우선 1, 2, 3, 4, 5는 산대를 세로로 세워.

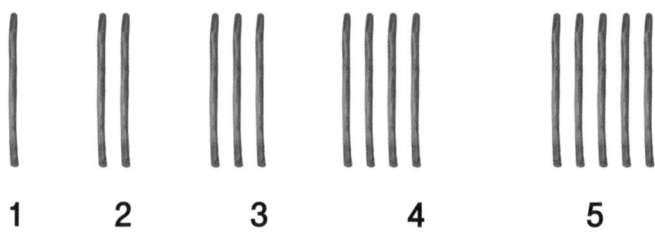

숫자 6부터는 어떻게 할까? 우선 산대 하나를 가로로 놓을 거야. 이 가로 산대는 숫자 5를 뜻해. 그러니까 이렇게 되는 거지.

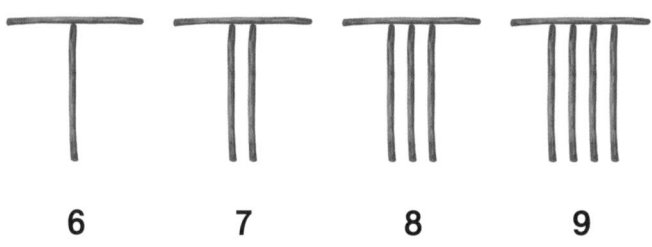

여기까지는 쉽지? 그럼 십의 자리 수는 또 어떻게 하지? 50까지는 산대를 뉘어서 수대로 놓으면 돼.

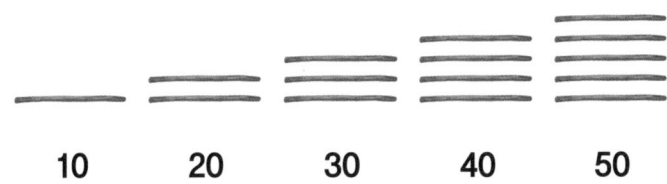

이제 60부터는 아래에 산대 하나를 가로로 놓고(50) 산대 하나를 세워서 표시할 거야. 60(⊥)을 표시한 후 아래로 산대를 하나씩 뉘어놓으면서 70(⊥), 80(⊥), 90(⊥)을 나타냈어.

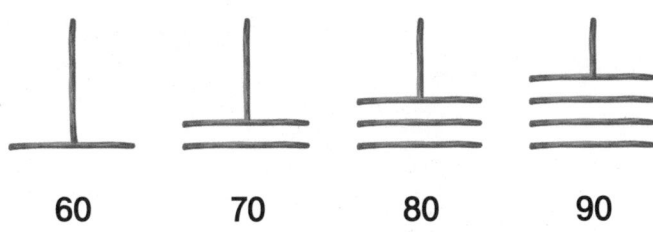

0을 나타내는 자리는 산대를 놓지 않고 비워두었는데 책에는 이렇게 하면 혼동할 수 있어서 붓 뚜껑에 먹물을 묻혀 ○로 표시했어. 1보다 작은 소수인 0.4123이라면 이렇게 쓸 수 있었겠지.

○ ≡ | = |||

또 양수는 빨간 산대를 쓰고, 음수는 까만 산대를 썼다고 해. 수학 책에서는 색깔을 표현하기 힘들 때가 있으니 산대로 나타낸 1의 자리 숫자에 가로로 비스듬히 산대를 걸쳐놓아 음수임을 나타냈어. 정리해볼까?

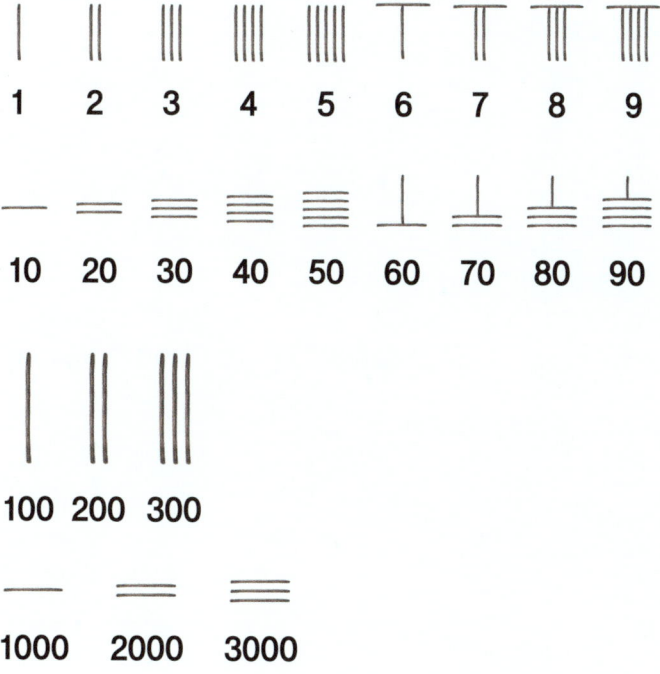

이번에는 문제를 맞춰보자. 다음 숫자를 읽어보는 거야.

$$\| \equiv \bigcirc - \top$$

답은 23016이지.

그럼 이 문제는?

$$\top \equiv \text{ǂ}$$

그래. -732야. 아주 잘했어. 이제 우리도 다음 산가지 그림을 숫자로 옮겨서 적어볼 수 있겠지?

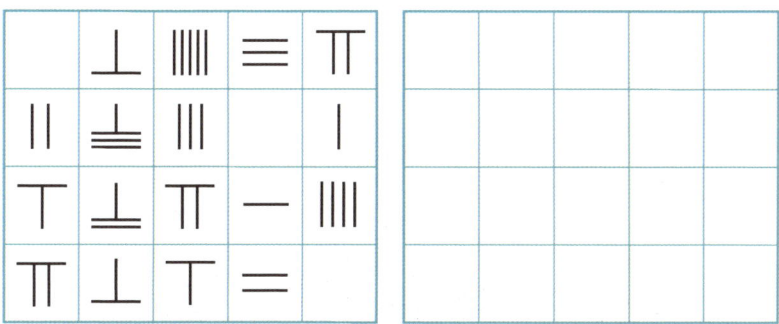

　산대는 이렇게 수를 나타내고 그것을 빠르게 옮겨가며 계산했어. 우리나라에서 오래도록 사용된 산가지는 271개를 육각 그릇에 45개씩 나누어 담고 중심에 1개를 넣은 것이 제대로 된 한 세트였어. 양반들은 상아로 만들거나 금을 장식해 쓰기도 하였대. 국립민속박물관에 11.5센티미터 길이의 대나무 산대와 8.5센티미터 길이의 산대가 남아 있는데 우리가 그것을 본다면 조선의 수학 박사 홍정하 나리를 떠올려 보렴. 이 산가지 계산법의 고수였거든.

산가지와 보관용 주머니
사진: 국립민속박물관

산가지와 산통
사진: 국립민속박물관

## 조선 수학의 결정판, 홍정하의 《구일집》

옛날 우리나라에서는 필산*을 하지 않고 산대를 사용해서 숫자를 계산하고는 했어. 무려 19세기까지 말이지. 산대를 쓰는 방법만 알면 덧셈과 뺄셈을 간단하게 할 수 있었어. 또 이것이 익숙해지면 곱셈과 나눗셈은 물론 지금 중·고등학교에서 배우는 제곱근, 세제곱근, 방정식까지 답을 구할 수 있었어. 수학을 공부한 관리들은 고차 방정식까지 척척 풀어내었지.

우리는 초등학교 때 자연수나 분수, 소수, 정수의 계산을 할 때 대부분 A+□=C 라는 식으로 네모 칸을 이용해 1차 방정식을 배우기 시작하지? 중·고등학교 때는 □ 대신 미지수 $x$를 사용해서 방정식을 배워. 그런데 옛날에는 모르는 수를 $x$라고 쓰지 않았으니 구하고자 하는 것을 '천원일天元一'이라고 놓고 풀이했어. 그래서 이런 방정식의 풀이 방법을 '천원술'이라고 불렀지. 홍정하는 총 아홉 권으로 된 《구일집》이라는 수학 책을 남겼는데 그 책에 산가지를 이용한 산목셈으로

---

\* 숫자를 적으면서 계산하는 것.

무려 10차 방정식까지 풀 수 있도록 방법을 완벽하게 정리해 놓았어.

이 책에 기록된 473개의 문제 중에 166개가 천원술(방정식을 푸는 법)을 이용한 문제였어. 수학 문제를 보면 옛사람들의 실생활을 살짝 엿볼 수도 있어. 일하고 받은 돈을 계산하는 문제가 나왔다면 '옛사람들도 돈을 받고 일했구나.'라거나 '하루를 일하면 얼마 정도를 받았구나.'라고 추측해 보는 거지. 또한 답을 찾기 위해 산가지를 빠르게 옮기며 고민했을 모습을 상상해 보면 무척 재미있어. 《구일집》의 문제 중 하나를 지금 우리가 학교에서 배우는 수학 문제처럼 바꿔볼게. 친구들도 한 번 풀어봐.

> **문제**
>
> 집을 짓는데 갑, 을, 병, 정, 무, 다섯 명이 일한다. 총 임금은 72냥이고 일의 종류와 일한 시간에 따라 임금을 다르게 주어야 한다. 정은 무보다 3냥, 병은 정보다 5냥, 을은 병보다 6냥, 갑은 을보다 8냥을 더 받아야 한다면 갑, 을, 병, 정, 무는 각각 얼마씩 받아야 할까?

이 문제는 간단하게 미지수를 한 개로 놓고 풀 수 있어.

무의 임금을 $x$라 하면

정은 무보다 3냥 더 받으므로 $x + 3$

병은 정보다 5냥을 더 받으므로 $x + 3 + 5$

을은 병보다 6냥 더 받으므로 $x + 3 + 5 + 6$

갑은 을보다 8냥 더 받으므로 $x + 3 + 5 + 6 + 8$

총 임금이 72냥이므로

$$x + (x + 3) + (x + 3 + 5) + (x + 3 + 5 + 6)$$
$$+ (x + 3 + 5 + 6 + 8) = 72$$

이 식을 정리하면

$$5x + 47 = 72 \text{ 이므로 } x = 5$$

따라서 갑은 27냥, 을은 19냥, 병은 13냥, 정은 8냥, 무는 5

냥의 임금을 받게 되지.

여기서는 친구들과 함께 풀어보기 위해서 우리가 수학을 푸는 방식으로 문제를 해결했지만, 옛사람들은 산가지를 가지고 계산했을 거야. 지금 우리가 보기에는 산가지 계산법이 복잡하고, 시간이 오래 걸리며, 기록하기도 불편하다고 생각되겠지. 차라리 우리처럼 적어서 계산하는 필산이 낫다고 느낄지도 몰라.

하지만 그 당시에 고차 방정식의 해법을 찾은 나라는 없었어. 중국은 실용적인 수학 수준에 머물러있었고, 숫자로 필산을 하던 서양에서조차 5차 이상의 방정식 해법을 찾아내지 못하고 있었단다. 그런데 홍정하가 펴낸《구일집》에는 중국과 서양에서 알아내지 못한 고차 방정식의 풀이법과 우리나라만이 사용했던 산가지 계산법이 아름다운 그림처럼 잘 정리되어 있어. 우리 옛 수학에서 우리만의 독특한 계산법을 발전시켜서 다른 나라보다 훨씬 앞선 시대에 고차 방정식을 풀고 있었다는 것은 큰 의미가 있어. 어쩌면 산목셈은 우리 옛 수학을 이해하는 가장 중요한 열쇠가 아닐까?

3부

# 스도쿠 게임처럼 보이는 숫자 놀이 마방진

현대 조합론의 아버지가 된 최석정

## 조선의 영의정이 세계적 수학자라고?

우리 알고 있는 유명한 천재 수학자의 이름을 각자 말해볼까? 피타고라스? 뉴턴? 가우스? 더 많이 알고 있는 친구들도 있겠지만 모두 서양 사람들의 이름일 거야. 우린 학교에서 서양 수학을 배우고 있으니 더욱 그렇지. 그런데 세계적 수학자 명단에 당당히 이름이 올라 있는 우리나라 조선 시대의 수학자가 있어. 그것도 현대의 최첨단 기술의 기초가 되는 수의 조합을 발견했기 때문이야.

현대 조합 수학의 역사를 기록한 《조합론 편람》이라는 책이 유럽에 보관되어 있어. 이 책에는 '조합론의 시작은 적어도 300년 전 최석정의 《구수략》까지 거슬러 올라간다.'라는 문구가 적혀 있어. 그리고 조선의 수학자 최석정이라는 이름이 유럽이 자랑하는 수학자 오일러보다 위에 적혀 있지. 최석정(1646~1715)은 놀랍게도 조선 숙종 임금 때 영의정을 여덟 번을 지낸 정치가였어. 현대 수학의 한 분야를 맨 처음 연 사람이 조선의 영의정이라니! 그리고 영의정을 무려 여덟 번이나 다시 지내다니!

최석정 초상
출처: 국립청주박물관

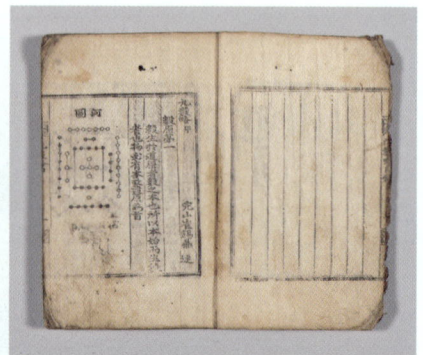
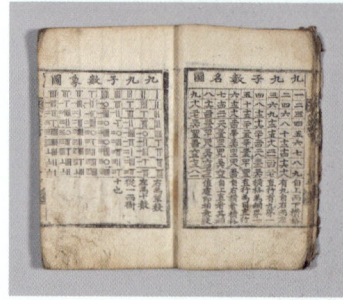
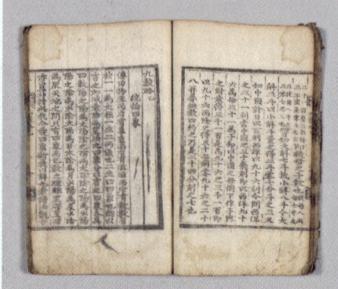

최석정의 《구수략》
출처: 국립중앙박물관

 최석정 대감은 새로운 생각을 많이 펼친 훌륭한 정치가였어. 특히 백성들이 차별받지 않고 사는 세상을 만들려고 늘 고민했어. 옛날 사람들은 양반과 평민과 천민이라는 신분이 정해져 있고 차별을 받으며 살았다는 것을 알고 있지? 이런 신분은 하늘이 내린 것이라고 생각해서 양반들은 대대로 벼슬을 하고 토지도 나눠 가졌지만 백성들은 농사지어 거의 세금으로 내고 전쟁터에도 나가야 했어. 또 양반은 부인을 여럿 두었는데 본처가 낳은 자식이 아니면 아무리 똑똑해도 출세를 할 수 없었어. 《홍길동전》을 보면, 길동이 총명했지만 엄마가 노비 출신이라 대감을 아버지라 부르지 못하고 현실에서는 꿈을 펼 수 없었던 것처럼 말이야.

최석정 대감은 이런 불평등한 법을 고치려고 노력했어. 백성들의 세금을 덜어주고 첩의 자식이어도 능력이 있으면 중요한 관직에 임명되도록 했어. 양반들이 편을 갈라 세력 다툼을 할 때 반대편과도 화합하려고 노력하고 왕에게 바른말을 거침없이 했어. 그래서 관직을 뺏기고 귀양을 가기도 했지만 영의정을 여덟 번이나 다시 지냈으니 왕의 신임과 백성들의 존경을 얼마나 많이 받았는지 짐작이 가지?

최석정 대감은 훌륭한 정치가였을 뿐 아니라 그 시대에 할 수 있는 공부에 모두 통달한 공부의 달인이었어. 그런 대감의 집에는 사방에 책이 그득그득 쌓여 있었는데 누가 책을 가져가든 돌려달라거나 찾는 법이 없었어. 내 책이라며 장식

품처럼 책을 모으고 아끼는 다른 양반들과 달랐지.

늘 자식과 아우들에게 말하기를 "서적은 공공의 물건이니 개인이 사사로이 차지해서는 안 된다. 내가 책을 모을 만한 힘이 있어 책이 나에게 모인 것일 뿐이다."라고 말씀하셨다니 책을 대하는 바른 마음이 이런 것일까? 가끔 술이라도 한 잔 나눌까 하여 대감의 집에 찾아온 벗들은 책에 파묻혀 숫자를 들여다보고 있는 대감에게 "아니, 자네는 골치 아픈 수 놀음이 그렇게도 좋은가?"라며 놀렸어. 그러나 대감은 힘든 업무를 마치고 집에 오면 숫자를 들여다보는 것이 오히려 큰 휴식이었어. "만물에는 반드시 근본이 있고 수는 그 근본에서 시작한다네."라고 했던 대감의 깊은 뜻을 남들은 알 수 없었지.

서양의 수학자 피타고라스도 "우주의 모든 것은 숫자다."라고 했고 뉴턴은 "신은 만물을 수로써 만들었다."라며 비슷한 말을 한 것을 보면 수학 천재들은 수학에 대해 우리가 모르는 큰 깨달음이 있었나 봐. 또 수학자들은 수학 공부가 아무리 어렵고 골치 아프다고 해도 사람이 살아가는 일보다 훨씬 쉽다고 했어. 우리는 살면서 복잡한 어려움에 부딪히고 답을 모를 적이 많은데 수학은 어떻게든 답이 나오니까 그런가 봐. 그래서 어떤 어른들은 걱정거리가 생기면 일부러 수학 문제를 풀면서 생각을 정리하기도 해.

최석정 대감도 정치하는 일이 힘들 때마다 수를 연구하며 원칙을 찾지 않았을까? 우리 친구들도 속상할 때나 심심할 때 수학 문제를 풀면서 시간을 보내 봐. 수학이 점점 재미있어지고 수학의 달인이 되어 있을 줄 누가 알겠어?

최석정 대감은 평생 수를 깊이 연구한 결과들을 《구수략》이라는 책을 지어 기록해 놓으셨어. 이 책은 조선 최고의 전통 수학 책으로, 당시에는 세상 어디에도 없었던 놀라운 수의 조합 '마방진'이 수록되어 있었지.

## 마법을 부리는 정사각형

신비로운 수의 조합 마방진, 우리 친구들은 '마방진'에 대해 들어 보았지? 어릴 적에 〈신비아파트 고스트볼〉이라는 만화에서 강림처사가 마방진 부적으로 악한 무리를 구속하는 장면을 본 친구도 있을 거야. 사람들이 마방진에 신비한 힘이 있다고 믿었기 때문에 부적으로 쓰인 것이지. 그 이름을 풀어보아도 마(마법), 방(사각형), 진(줄을 지어 서다), 즉 '숫자가 줄지어 들어 있는 마법 사각형'이라는 뜻이 있어.

왜 그런지 수천 년 전 중국 전설에서 시작된 마방진의 기원에 대해 들려줄게. 까마득한 옛날에 중국에 하나라가 있었는데 낙수라는 강에 홍수가 자주 났대. 자꾸 농사를 망치고 사람이 다치니까 물막이 공사를 하게 되었지. 그때 강 한복판에 거북이가 나타나고 범람이 멈췄어. 사람들이 이상하게 여겨 거북이를 건져 올려보니 그 거북이 등에 하나부터 아홉까지의 점이 그려져 있었어. 사람들은 이게 무얼까 궁리하다가 점의 개수를 1부터 9까지의 숫자로 써 보았어.

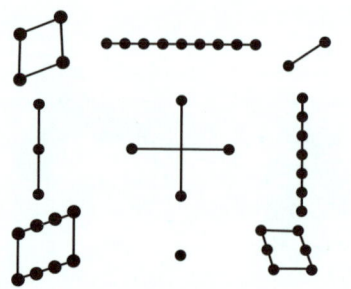

   이 숫자를 더해보니 가로와 세로, 대각선 어느 쪽으로 더하든 숫자의 합이 15로 딱 맞아떨어지는 거야. 사람들은 이 오묘한 수의 배열에 놀라서 이것을 인간의 일을 도우려는 하늘의 뜻이라고 신비롭게 여겼지. 이것이 방진의 싹이 되는 3차 마방진의 시작이야.

   친구들이 마방진을 직접 풀어볼까? 마방진은 가로, 세로, 대각선의 합이 같다고 했지? 이것을 생각해서 아래 마방진의 빈칸에 숫자를 채워봐. 대각선 2, 5, 8,의 합이 15인 것처럼 가로와 세로의 합도 15가 되도록 해야 해. 1부터 9까지 숫자를 딱 한 번씩만 써서 완성해야 되니 빈칸에 1, 3, 7, 9의 숫자가 들어가겠지? 쉽게 할 수 있을 거야.

|   |   |   |
|---|---|---|
| 2 |   | 4 |
|   | 5 |   |
| 6 |   | 8 |

　마방진은 서양으로도 빠르게 퍼져나갔어. 유럽에서는 '마법진magic square'이라고 불렀는데 은판에 새겨 마귀를 쫓는 부적으로 사용했어. 마방진 부적을 배가 아프면 배에 붙이고, 머리가 아프면 머리에 붙이고, 아기를 낳는 산모와 전쟁터에 나가는 병사에게도 지니도록 했지. 독일의 미술가 알브레히트 뒤러의 판화 작품 〈멜랑콜리아〉를 보면 우울함을 치료하는 부적으로 4차 마방진이 새겨져 있어. 가우디의 명성을 세계적으로 알린 스페인의 유명한 건축물 성가족성당의 입구

에도 신의 코드처럼 마방진이 새겨져 있지. 서양 사람들도 마방진을 얼마나 신비롭게 여겼는지 알 수 있겠지?

알브레히트 뒤러의 1514년 작품 〈멜랑콜리아〉

이번에는 다른 그림을 살펴볼까? 조선 후기의 풍속화가 김홍도가 그린 〈서당〉이라는 그림이야. 어떤 잘못을 하고 야단을 들었는지 우는 아이도 보이고, 꾸짖고 안타깝게 바라보는 듯한 훈장님의 모습도 보이는 재미있는 그림이지? 이 그림을 사선으로 오른쪽과 왼쪽으로 나누어 보면 5:5로 인물들이 배열되어 안정감을 보여주고 있어.

김홍도의 작품 〈서당〉
출처: 국립중앙박물관

이처럼 김홍도는 숫자를 의식하며 그림을 그렸는데, 또 다른 그림 〈씨름〉에서 더욱 확실하게 볼 수 있어.

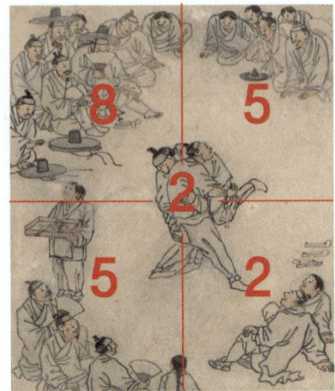

김홍도의 작품 〈씨름〉
출처: 국립중앙박물관

두 씨름꾼이 온 힘을 다해 한창 시합에 열을 올리며 들배지기로 상대 선수를 번쩍 들어올리는 순간을 아주 생동감 있게 그려냈지? 이 〈씨름〉에는 마방진의 비밀이 숨어 있어. 씨름을 하는 두 선수를 기준으로 가로와 세로선을 그어 네 개의 영역으로 나누고 사람들의 숫자를 세어 보자. 왼쪽 위부터 시계방향으로 8명, 5명, 2명, 5명, 그리고 가운데가 2명이야.

|   |   |   |
|---|---|---|
| 8 |   | 5 |
|   | 2 |   |
| 5 |   | 2 |

대각선에 위치한 세 개의 수를 더하면 합이 모두 12가 돼. 이런 수의 배열을 'X자형 마방진'이라고 부르기도 하지.

## 라틴 마방진

마방진의 매력에 빠진 사람들은 3차 마방진으로부터 가로와 세로로 칸을 늘리면서 마방진을 완성해갔어. 4차 마방진은 숫자를 각각 다르게 넣어 만들 수 있는 방법이 88개가 있고, 5차 마방진에는 무려 2억 개가 넘는 방법이 있으며, 6차 마방진은 무한히 많은 방법이 있다고 해. 그러니 그중 딱 한 가지의 해법을 찾아내는 것은 무척 어려운 일이지.

18세기 유럽에는 과학계를 대표하는 유명한 수학자 오일러가 있었어. 오일러는 1776년에 재미있는 마방진 문제가 담긴 논문을 발표했어. 그 문제는 '36 장교 문제'라고 해. 같이 읽어보자.

> "6개의 서로 다른 부대에 6개의 서로 다른 계급이 있다. 이들 36명을 새롭게 배치할 때 출신 부대와 계급을 모두 다르게 세울 수 있을까?"

이것을 풀기 위해 먼저 3개의 부대와 3명의 장교로 단순화시켜서 알아보았어. 그리고 3개의 부대와 3명의 장교를 겹치지 않게 세우는 것은 쉽게 할 수 있었어. 이때 부대와 계급을 그리스 문자와 라틴문자로 대신해서 만들었기 때문에 이것을 '그레코-라틴 방진'이라고 불렀어.

| Aα | Bγ | Cβ |
|---|---|---|
| Bβ | Cα | Aγ |
| Cγ | Aβ | Bα |

라틴 방진은 가로와 세로에 서로 다른 문자나 그림이 한 번씩만 나오도록 배열한 것을 말해. 그리고 이 라틴 방진 2개를 겹친 것을 직교한다고 해서 '직교 라틴 방진'이라고 해. 우리도 숫자를 넣어 3차 라틴 방진이 겹친 '직교 라틴 방진'을 만들어 보자. 부대와 계급을 숫자로 표시한다고 생각하고 가로와 세로의 각 칸에 숫자를 딱 한 번만 오도록 하는 거야. 어때? 쉽게 이해가 가지?

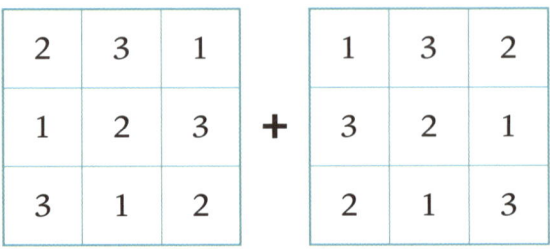

3차 라틴 방진    3차 라틴 방진

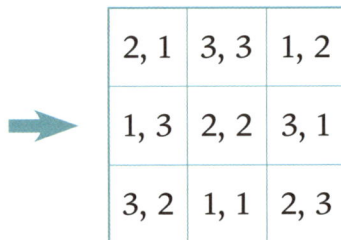

3차 직교 라틴 방진

 오일러는 다시 6개의 부대와 6명의 장교를 겹치지 않게 세우는 것을 연구했어. 과연 성공했을까? 오일러는 6차 직교 라틴 방진을 찾으려고 노력했지만 결국 실패했어. 그러나 사람들은 이것이 수학사에서 '직교 라틴 방진'이라는 개념을 최초로 만든 것이라고 인정했어. 그래서 2007년까지도 그레코-라틴 방진, 직교 라틴 방진, 오일러 방진이 같은 의미로 불리는 것이 당연하다고 알고 있었지.

## 마방진의 책 《구수략》

그런데 놀랍게도 우리나라 조선 시대에 최석정이 지은 《구수략》에 직교 라틴 방진에 해당하는 '구구모수변궁양도'가 들어있다는 것을 알게 되었어. 최석정 대감이 이름 붙인 구구모수변궁양도는 큰 규모로 확장된 9×9 마방진이야. 세상에 없는 무려 9차까지의 마방진이라니! 그것도 서양의 오일러보다 67년 이상 앞선 시대였어. 구구모수변궁양도의 한자를 아라비아숫자로 바꾼 마방진을 한번 봐. 이렇게 신비롭고 멋있는 수의 배열을 어떻게 만들었을까?

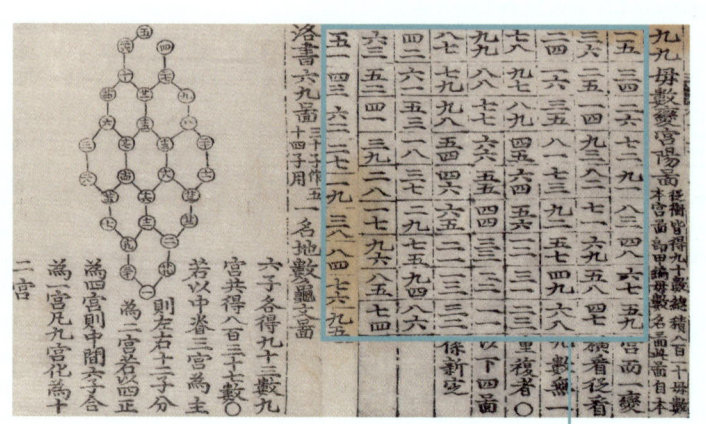

최석정의 《구수략》

| 5, 1 | 6, 3 | 4, 2 | 8, 7 | 9, 9 | 7, 8 | 2, 4 | 3, 6 | 1, 5 |
|---|---|---|---|---|---|---|---|---|
| 4, 3 | 5, 2 | 6, 1 | 7, 9 | 8, 8 | 9, 7 | 1, 6 | 2, 5 | 3, 4 |
| 6, 2 | 4, 1 | 5, 3 | 9, 8 | 7, 7 | 8, 9 | 3, 5 | 1, 4 | 2, 6 |
| 2, 7 | 3, 9 | 1, 8 | 5, 4 | 6, 6 | 4, 5 | 8, 1 | 9, 3 | 7, 2 |
| 1, 9 | 2, 8 | 3, 7 | 4, 6 | 5, 5 | 6, 4 | 7, 3 | 8, 2 | 9, 1 |
| 3, 8 | 1, 7 | 2, 9 | 6, 5 | 4, 4 | 5, 6 | 9, 2 | 7, 1 | 8, 3 |
| 8, 4 | 9, 6 | 7, 5 | 2, 1 | 3, 3 | 1, 2 | 5, 7 | 6, 9 | 4, 8 |
| 7, 6 | 8, 5 | 9, 4 | 1, 3 | 2, 2 | 3, 1 | 4, 9 | 5, 8 | 6, 7 |
| 9, 5 | 7, 4 | 8, 6 | 3, 2 | 1, 1 | 2, 3 | 6, 8 | 4, 7 | 5, 9 |

모든 칸의 첫 번째와 두 번째에 있는 각각의 수는 1~9까지를 한 번씩 썼어. 가로와 세로 방향으로 각각의 수를 합하면 45, 각 줄의 합은 90으로 모두 아홉 줄이니 가로(세로)의 총합이 810인 마방진이야.

'5, 1', '4, 3'과 같이 한 칸에 있는 두 수를 분리해서 따로 방진을 만들면 모두 라틴 방진이고 두 방진은 겹치면 큰 사각형 전체가 9×9 직교 라틴 방진이야. 큰 사각형을 아홉 개의 작은 정사각형으로 나누어 보면 각각 두 개의 3차 라틴방진이 겹친 직교 라틴 방진이 돼.

이렇게 놀라운 '구구모수변궁양도'가 서양의 오일러보다 무려 70여 년이나 먼저 우리나라에 있었다는 것이 밝혀지며 2007년에 비로소 세계 수학사에서 인정을 받게 되었어. 9차 직교 라틴 방진의 시작점이 오일러 방진이 아니라 최석정 방진이라고 조합 수학의 역사가 바뀌게 된 거야.

그럼 이런 최석정 방진에는 어떤 놀라운 의미가 숨어 있을까? 최석정 방진의 개념은 오늘날 생물학, 농업, 약학, 산업의 실험 계획과 설계 등 다양한 분야에 응용되고 있어. 무엇보다 지금 우리 생활과 뗄 수 없는 이동통신 시스템이나 디지

털 기기의 반도체칩 설계에 최석정 방진의 개념이 들어 있다니 더욱 놀랍지. 최석정의 마법 같은 수의 배열 9차 마방진을 떠올려 보면서 이동통신에 어떻게 쓰이는지 조금 짐작해 볼까? 우리가 통신을 사용할 때 수많은 사용자가 섞여 있고, 무수히 많은 신호가 들어오고 나갈 거야. 이렇게 엄청나게 많고 복잡하게 얽혀 있는 회로 사이에서 우리는 어떻게 다른 회로와 충돌 없이 통신을 주고받는 것일까? 그 답은 반도체의 회로를 설계할 때 균형과 대칭을 이루고, 회로끼리 방해받는 현상이 없도록 배치하는 것이야. 최석정 방진을 보면 숫자를 겹치지 않게 한 번씩만 썼는데, 각각 다르면서도 좌우, 상하, 대각선의 수의 배열이 균형과 대칭을 이루고 있지? 이런 마방진의 원리가 반도체와 여러 산업 설계에 아주 중요하게 쓰이는 것이란다. 조선 시대에 영의정 한 분이 완성한 수의 배열이 현대의 최첨단 과학에 응용되는 것이라니 정말 위대한 발견이지?

《구수략》에는 9차 마방진 외에도 동서양에 없는 독특한 모양의 마방진이 있어. 이 마방진은 아홉 개의 육각형이 거북이 등껍질 모양으로 연결되어 있어서 '지수귀문도'라고 불려. 육각형의 꼭짓점에 1~30까지의 숫자를 한 번씩만 넣었는데 각 육각형의 숫자 합이 똑같이 93이 돼. 꼭짓점에 배치된 수의 자리를 바꾸면 그 합이 93이 아닌 수가 나올 수 있어. 77부터 109까지 나오게 할 수도 있다니, 우리들이 그 마법의 수를 풀어보는 것도 재미있겠지?

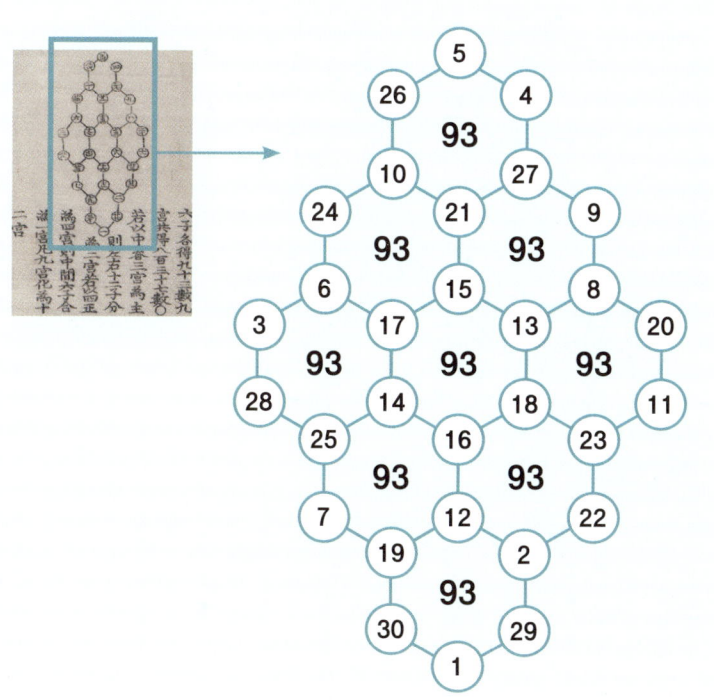

세계 어느 기록에도 없는 지수귀문도의 숫자의 배열은 직교 라틴 방진과 더불어 컴퓨터 계산 과학에서 관심을 받는다고 해. 《구수략》에는 기본적인 마방진의 해법과 삼각진, 사변진, 원형진, 방사형진, 테두리진 등 모양이 독특한 마방진 연구 결과가 48개나 기록돼 있어.

1. 1~9까지의 숫자를 배치한다.
2. 10~33까지의 수를 빈 자리에 채운다.
3. 한 무리의 숫자 합이 항상 85가 되도록 한다.

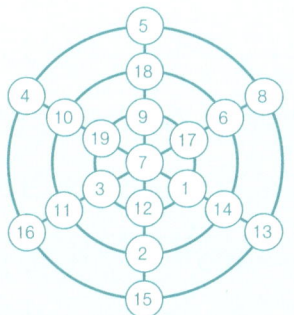

장책 용칠도

1. 1~19까지의 숫자를 7을 중심으로 교차하는 선분 위에 놓는다.
2. 각 직선 위에 있는 일곱 개의 수의 합은 항상 68이 되어야 한다.
3. 7을 중심으로 한 각 원 위에 있는 여섯 개의 수와 중심에 있는 수인 7의 합도 항상 68이 되어야 한다.

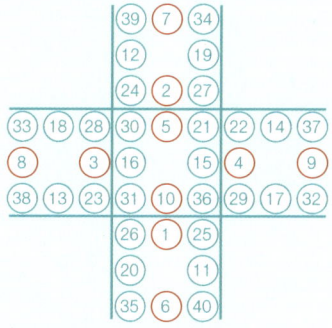

하도 팔오도

1. 1~40까지의 숫자를 다섯 개의 무리로 나눈다. 즉 한 무리에는 여덟 개의 숫자가 포함된다.
2. 1~10까지의 숫자는 정해진 위치에 놓는다.
3. 각 무리에 속한 여덟 개의 수의 합이 모두 164가 되도록 배치한다.

그런데 최석정 대감은 왜 이렇게 마법의 수에 빠지셨던 것일까? 마방진이 군사의 배치나 농사일에도 이용된 것을 보면 더 좋은 나라를 만들려는 간절한 뜻을 수에 담아 기원한 것은 아닐까? 임금 아래 가장 높은 신분이면서 평생 수를 연구해 세계 수학사에 큰 업적을 남기신 최석정 대감. 우리가 이런 분의 후손이라는 것이 자랑스럽고 무한한 존경심이 들지?

# 4부

## 별의 움직임도, 밭의 넓이도 모두 계산해보자

소행성의 이름이 된 학자 홍대용

## 조선의 코페르니쿠스

지금은 과학이 발달해 우주를 비행하는 시대지만, 옛사람들은 우주를 어떻게 생각했을까? 옛사람들은 평평한 땅을 중심으로 둥근 하늘이 움직인다고 굳게 믿고 있었어. 해가 서쪽으로 넘어가 사라지면 해가 땅끝 낭떠러지로 떨어졌다고 생각했지. 만약에 우리가 평평하고 네모진 땅에 살고 있다면 하늘이 반구 모양이고 해와 달과 별이 시계추처럼 왔다 갔다 해야 맞을 텐데 말이야.

그런데 이런 믿음에 의문이 생겨서 매일 해와 달과 별의 움직임을 수없이 관찰한 사람이 있었어. 그리고 어느 날 그는 사람들에게 이런 말을 했지.

"이보게들! 우리는 하늘이 둥글고 땅이 평평하다고 믿고 있는데, 그것은 사실이 아닐세. 달이 지구 그림자로 들어갈 때 가리는 그림자 모양이 둥근 것을 보게. 그리고 저기 들판 끝 멀리서 걸어오는 사람을 보면 머리끝부터 보이지 않는가? 그건 모두 땅의 모양이 둥글기 때문일세. 우리가 딛고 있는 땅덩어리는 둥글 뿐만 아니라 구르기도 한다네. 그 둘레가 9만 리이고 12시간에 한 번씩 빠르게 도는데 땅덩이가 워낙 커서 둥글기가 급하지 않으니, 우리가 느끼지 못할 뿐이지."

달을 가린 지구의 그림자가 둥글다는 것을 알 수 있어.

멀리에서 오는 사람이 머리끝부터 보이기 시작해.

만약 지구가 평평하다면 멀리에서 오는 사람은 이렇게 보여야 할 거야.

사람들은 이 말을 듣고 "그 무슨 미친 소리인가!"라며 화를 냈어. 또 어떤 사람은 땅에서 굴러떨어질까 봐 얼굴이 노래져서는 걱정스러운 표정으로 누워만 있었지. 이렇게 용기 있게 말한 사람이 누구였을까? 조선 후기 정조 임금 때, 수학과 천문학 탐구에 남다른 열정을 가졌던 홍대용이라는 분이야.

300년이 지난 오늘날 우리는 홍대용을 '조선의 코페르니쿠스'라고도 불러. 2001년 경상북도 영천에 위치한 보현산 천문대에서 한국의 천문학자들이 새로운 별을 발견했어. 바로 소행성 94400이었지. 발견한 학자들은 별 이름을 '홍대용 별'이라고 지었어. 홍대용의 과학 정신은 그만큼 특별하고 높이 평가받을 만했기 때문이야. 화성과 목성 사이에서 3.25년 만에 한 번씩 태양을 돌고 있는 이 행성은 2005년 국제천문연맹으로부터 공식적으로 '홍대용 별'이라고 승인받았어.

이런 홍대용에게 어울리는 별명이 있다면 '자유로운 영혼'일 거야. 그냥 과학자나 천문학자라고 하면 될 것을 왜 이렇게 부르냐고? 홍대용은 당시 잘못된 사회 제도와 관습을 극복하려 했고, 새로운 세상을 만들겠다는 생각을 실천했으며, 평생 자신의 신념대로 살았기 때문이야. 홍대용의 삶을 들여다보면 우리 친구들이 어려울 때 그분의 용기가 반드시 생각 날 거야.

## 용기 있는 결심

조선 시대에는 모두 스물일곱 명의 왕이 있었어. 그중에 스물두 번째 왕이었던 정조 임금님은 안경을 쓰고 담배도 피웠어. 그런데 이 시대에는 또 한 명의 신기한 선비가 살았지. 그 선비가 어느 날 말을 타고 도성에 들어왔는데, 선글라스를 착용하고 서양 악기도 들고 있었다고 해. 사람들은 전부 깜짝 놀랐겠지? 하나같이 처음 보는 물건이었을 테니 말이야. 이 별난 선비가 바로 홍대용이었어.

서양 문물과 지식이 중국을 통해 조선으로 들어오던 때, 홍대용은 높은 집안의 맏아들로 태어났어. 요즘 말로 하자면 '금수저'로 태어난 셈이지. 그 시대에 귀한 도련님이라면 보통 유학*을 공부해서 벼슬을 얻고 부귀영화를 누렸어. 홍대용도 어린 시절부터 학문에 관심을 가지고 유학을 깊이 공부했어. 그런데 아무리 공부해도 옛 학문만으로는 자신의 호기심과 의문을 채울 수 없었지. 도덕과 충효와 예의를 지키라는 교훈은 구구절절 많은데, 어떤 책을 읽어도 현실적 궁금증에 대한 답은 없었거든.

'홍수나 가뭄으로 한 해 농사를 망치면 사람들이 수없이 굶어 죽는다. 그런데 책에는 왜 작은 농기구 하나 만드는 법조차 적혀 있지 않을까?'

홍대용은 이런 것이 궁금했어.

또한 옛 학문에서는 천지의 변화를 음과 양의 조화 때문이라고 설명했어. '음'은 어둡고 습하고 고요한 기운을 뜻해. 반대로 '양'은 밝고 활발하고 굳건한 기운을 뜻하지. 그래서 당시 사람들은 지진이 일어나면 숨어 있는 양의 기운이 강해져 음의 습한 기운을 누르니 증발하지 못해 땅이 흔들리는 것이라고 하고, 가뭄이 들면 양기를 일으켜 음기인 비구름을

---

\* 옛날 중국의 사상가였던 공자와 그 제자의 가르침인 경전을 연구하는 학문.

불러야 한다고 했어. 천둥과 번개도, 일식과 월식도 옛사람들에게는 모두 두렵고 괴이한 현상이었지. 그래서 왕과 백성들은 하늘과 바다를 향해 제사를 지내느라 정성을 쏟았어.

홍대용은 이런 자연 현상을 증명할 수 없는 정신세계로만 해석하는 것이 답답했어. 그리고 깊은 고민 끝에 형식과 법도를 따지고, 문장을 줄줄 외우는 공부에서 벗어나 머릿속에 넘치는 새로운 생각을 실천하며 살겠다고 결심했어. 평생 벼슬을 하려는 생각도 버렸어. 과거 시험을 준비할 시간에 좋아하는 공부를 맘껏 하려고 계획을 세우니 가슴이 뛰었거든.

그런데 그 시절에는 개인보다 가문이 중요했고, 가문의 명예를 목숨같이 여겼어. 그렇다면 홍대용의 집안이 발칵 뒤집히지 않았을까? 똑똑한 맏아들이 평생 백수로 살겠다고 했으니 말이야. 남들에게 손가락질을 받을지도 모르니 큰 용기가 필요했을 거야.

홍대용은 어려움에 부딪힐 때마다 음악을 하며 위로를 얻었어. 어려서부터 거문고와 가야금을 연주하기 좋아했는데 그 실력이 장안에서 최고로 꼽혔을 정도였지. 평생 술을 마시기보다는 악기를 가까이하며 시름을 잊었다고 해. 요즘으로 따지면 멋진 기타리스트였다고나 할까? 거문고를 들고 다니며 연주하면 선비들 사이에서 인기가 엄청났지. 홍대용은 날씨가 좋은 봄날 밤이면 음악회를 자주 열었고, 그 소리가 마을에 가득했다고 해.

별이 쏟아지는 허공에 거문고 가락이 울려 퍼지면 홍대용은 무슨 생각을 했을까? 고대 그리스의 천재 수학자 피타고라스는 "우주는 별들이 위치한 거리에 따라 각기 다른 소리를 내는 거대한 현악기"라고 했어. 우주 탐구를 좋아한 홍대용도 피타고라스와 같은 생각을 했던 것은 아닐까?

## 홍대용의 지전설

홍대용은 수학과 천문학에 남다른 열정을 가지고 있었어. 천문에 관한 책을 구해서 읽고 날마다 하늘의 움직임을 관찰했지. 하지만 자신의 이론을 증명할 수 없어서 답답했을 거야. 과학적으로 우주를 탐구해서 사람들에게 알리려면 정확한 천체 관측 기구가 있어야겠다고 생각했겠지.

그러던 어느 날, 나경적이라는 기계 제작의 고수가 멀리 전라도 화순에 살고 있다는 소식을 알게 되었어. 나경적은 나이가 일흔이 넘어 고향에서 조용히 지내고 있었는데, 그동안 만들어낸 기계를 살펴보면 대단한 발명가라고 할 만했어. 힘들지 않게 논에 물을 대는 '자전 수차', 방아를 찧고 맷돌을 돌리는 기구, 햇빛 없이 천문을 관측하는 기구를 척척 만들었지. 지금으로 말하면 그 역시 훌륭한 과학자인 셈이야.

홍대용은 먼 길을 물어물어 나경적을 찾아 갔어. 땀을 뻘뻘 흘리며 찾아온 젊은 홍대용을 만난 나경적은 그의 열정을 한눈에 알아보았어. 그리고 자신의 과학적 지혜를 아낌없이 나누어주리라 생각했어.

3년의 세월이 흐른 뒤, 두 사람은 드디어 천체를 관측하는 혼천의와 서양식 자명종을 만드는 데 성공했어. 홍대용은 벅찬 마음으로 이 기계들을 가지고 고향 집으로 돌아왔어. 그러고는 남쪽 마당에 연못을 파고 정자를 지어 '농수각'이라고 이름을 붙이고 기구들을 설치했지. 개인 천문대까지 만들어 천문학 연구를 이어나간 거야. 지금 천안에 있는 홍대용 과학관에 가면 이때 만들었던 천문 기구들을 볼 수 있어. 상상해 봐. 일흔 살의 기계의 장인과 스물아홉 살의 젊은이가 손수 쇠를 깎고 다듬어 무언가를 만들어내는 벅찬 모습을. 수백 번은 고쳐 만들며 흘렸을 땀방울을 생각하면 과학관이 더 재미있게 보이지 않을까?

홍대용이 당시에 주장한 우주 탐구 이론을 우리는 지전설과 우주 무한론이라고 해. 지전설은 우리가 사는 땅이 네모가 아니라 커다랗고 둥근 모양이며, 빙글빙글 돌고 있다는 생각이야. 우주 무한론은 지구 밖 우주에 무한한 별이 있으며, 지구는 그 별 중 하나라는 생각이지. 이것은 당시에 입 밖으로 꺼내기 힘든 놀라운 주장이었어. 단순히 천문학으로 그치는 문제가 아니었거든. 오랫동안 중국 문화를 따르던 조선에서는 이렇게 말해왔어.

"평평한 이 세상의 중심은 중국이다. 그러니 중국에서 먼 나라일수록 오랑캐(야만족)다. 서양은 아예 오랑캐조차 되지 못하는 금수(짐승)다."

그런데 땅이 공처럼 둥글다니. 게다가 돌고 있다니. 생각해 보자. 지구가 둥글며 돌고 있다면 중심이 따로 있을까? 모든 나라가 제각각 중심이겠지. 게다가 무한한 별의 세상인 우주에서 보면 지구도 작은 한 점일 뿐일 텐데, 그렇다면 그 지구의 일부인 중국은 티끌도 되지 않아. 다시 말해서 중국이 세상의 중심이라고 하는 것도 잘못이고, 중국을 황제의 나라로 여기고 그 문화를 지나치게 따를 필요도 없다는 뜻이기도 하지. 홍대용은 천문학 이론을 바탕으로 이렇게 외쳤어.

"조선이 중국에 지나치게 기댈 필요도, 간섭을 받을 필요도 없다. 우리는 우리 문화를 당당히 여기고 소중하게 지켜야 한다."

게다가 여러 나라가 제각각 자신의 중심이듯, 사람 그리고 만물도 차별하는 것은 옳지 않다고 했어. 신분의 구별이 엄격했던 사회에서 평등을 외쳤으니 반대하고 무시하는 세력이 얼마나 많았을까? 그래도 홍대용은 자신의 주장을 꿋꿋이 펼쳐나갔고, 많은 기록을 남겼어. 그분의 훌륭한 과학 재능과 좋은 세상을 만들려는 노력이 사회를 당장 바꾸지는 못했어. 그러나 현재 우리가 살아가는 자유로운 세상을 여는 데 아주 소중한 씨앗이 되었지.

## 꿈에 그리던 북경 여행

홍대용은 중국 북경(베이징)에 꼭 가보겠다는 간절한 꿈을 키우고 있었어. 당시에 중국 청나라에는 천주교를 전파하려는 서양의 선교사들이 드나들며 신문물을 전해주었거든. 특히 선교사들이 지은 북경 천주당(성당)에는 서양의 천문 관측 기구가 아주 많다고 알려져 있었어. 홍대용은 열심히 중국어를 익히고, 신문물에 관한 책들을 구해 읽으며 북경에 가게 되기를 고대했어.

준비된 자에게 기회가 온다는 말이 있지? 홍대용이 서른네 살이 되던 해, 드디어 그 기회가 찾아왔어. 작은아버지가 청나라 사절단으로 파견되어 그 수행원 자격으로 따라갈 수 있게 된 거야. 북경까지는 걸어서 석 달이 걸리는 고생길이었지만 홍대용은 말할 수 없이 기뻤어. 천주당과 북경천문대 방문하기, 선교사들 만나보기, 뜻이 통하는 벗을 만나 실컷 이야기하기……. 이런 버킷리스트를 적으며 드디어 여행이 시작되었지.

홍대용은 이 여행의 기간인 6개월 동안 보고, 듣고, 겪은 일들을 일기로 써서 《을병연행록》이라는 여행기를 남겼어. 이 책은 아들 걱정에 잠 못 이루실 어머니를 생각해서 어머니도 쉽게 읽으실 수 있도록 한글로 적었지.

홍대용은 북경에 도착하자 먼저 천주당으로 달려 갔지만

들어갈 수 없었어. 천주교를 무시했던 조선 사람들이 성당을 방문해서는 침을 뱉거나 물건을 부수는 일이 간혹 있었기 때문에 선교사들이 조선인을 피했거든. 홍대용은 몇 번이나 문 앞에서 쫓겨 나자 선교사에게 편지를 썼어.

'저는 단지 배우려는 뜻이 평생에 맺혀 있는 사람입니다.'

간절한 뜻을 전하고 나서야 겨우 방문을 허락받았지. 그토록 보고 싶던 천주당 안은 상상 이상으로 놀라운 것들이 가득했어. 생전 처음 보는 서양화는 낯설고 이상했고 수많은 나라를 표시한 세계 지도는 정말 신기했어. 해와 달과 별자리를 그린 천문도를 보니 신세계를 발견한 듯 가슴이 뛰었지. 천문 기구들은 생각보다 더욱 정밀해서 모양과 원리를 살피려고 보고 또 보았어. 이때 홍대용은 처음 망원경으로 하늘을 보았는데 그 놀라운 느낌을 여행록에 이렇게 적었어.

햇빛이 둥근 형태를 통 끝에 건 듯하고 해 속에 무엇인가 있으면 머리털이라도 감추지 못할 듯하다.

— 《을병연행록》

홍대용은 조선으로 돌아올 때 이 망원경을 소중히 사서 가지고 왔어. 꿈만 같았던 천주당 방문을 세 번이나 더한 후에 홍대용은 흠천감을 찾아갔어. 흠천감은 중국 황실의 천문대로 국가 비밀 기지 같은 곳이야. 아무나 들어가지 못하는 곳이었고, 심지어 주위를 함부로 얼쩡대기만 해도 사형을 당할지 모르는 곳이었어. 그런데도 홍대용은 날마다 찾아가서 들어가기를 부탁했어. 흠천감 관리인은 매일 찾아오는 어느 조선인에게 지쳐서 문을 열어주었지만, 계속 따라다니면서 빨리 나와야 한다고 재촉했지. 홍대용은 쫓기듯 둘러보느라 무엇 하나 제대로 관찰할 수 없었고 이후로 더 이상 방문할 수도 없었다고 해.

## 북경에서 맺은 우정

홍대용은 흠천감 방문의 아쉬움을 뒤로하고 '유리창琉璃廠'이라는 거리를 걸으며 시간을 보냈어. 유리창이라는 이름이 재미있지? 이곳은 원나라와 명나라 때 유리를 굽는 가마가 세워져 유리 기와를 공급하던 곳인데, '유리'라는 말과 공장을 뜻하는 한자 '창厰'을 붙여서 유리창이라고 부르게 되었어. 중국 청나라 초기, 이곳에 골동품 책방이 들어서기 시작했는데 학자와 문인들이 모여들고 점포가 많이 생겨서 중국의 수도 북경을 대표하는 문화의 거리로 현재까지 이름을 날리게 되었어. 우리나라 서울에 있는 인사동처럼 전통 특색이 있는 거리인 셈이지. 지금도 베이징을 여행할 때 필수 코스로 꼽히는 곳이야.

베이징의 유리창 거리 풍경

유리창에는 마차와 수레가 덜컹거리며 굴러다니고, 책이 수만 권씩 진열된 서점이 즐비했어. 조선은 그때까지 가마와 지게를 사용했고, 딱히 서점이라고 할 만한 상점은 없었어. 유리창에 간 홍대용은 마치 보물 상자에 들어간 듯 황홀해서 어질어질할 지경이었지. 정신없이 유리창의 서점을 둘러보고 있던 어느 날이었어. 조선에서 함께 출발한 사신단 중 한 사람이 다가와 난처한 표정으로 홍대용에게 물었어.

"제가 어떤 중국인에게 큰 은혜를 입었는데, 어떻게 갚아야 할지 모르겠습니다."

그 사람의 사연은 이랬어.

"저는 안경을 꼭 구해야 할 사정이 있어서 몇 날 며칠 유리창을 헤매고 있었습니다. 마침 안경을 쓴 중국인들이 있어 물으니 이곳에서는 안경을 살 수 없다는 겁니다. 저는 너무 실망해 털썩 주저앉고 말았지요. 북경은 너무 넓고 지리도 모르는데, 마냥 걸어서 어디로 가야 할지 몰랐습니다. 그런데 제 모습을 본 그 중국인이 돈도 받지 않고 선뜻 자기 안경을 벗어주고 가지 뭡니까?"

홍대용은 그 말을 듣고 그런 좋은 사람들이라면 꼭 만나

야겠다고 생각했어. 열심히 수소문해서 저녁에 그들이 있는 여관에 찾아갔지. 여관에는 엄성, 반정균, 육비라는 세 사람이 있었는데 이들은 과거 시험을 보러 북경에 와 있던 뛰어난 학자들이었어. 홍대용은 북경에서 좋은 친구를 사귀어 실컷 이야기를 나누어보겠다는 소원도 갖고 있었지? 조선에서는 사람을 사귈 때 우리 편인지 아닌지, 나에게 이로운 사람인지 아닌지를 계산해야 한다는 점이 안타까웠어. 그런데 중국 선비들과는 그런 것을 생각할 필요가 없었지.

이야기를 나눌수록 어찌나 뜻이 잘 통하는지 학문과 예술과 풍속에 대해 밤새도록 토론하느라 새벽이 오는 줄도 몰랐어. 하루 사이에 오래 사귄 친구처럼 된 두 나라의 선비들은 더욱 자주 만났어. 말이 막힐 때는 한자를 적어 필담을 나누며 서로 배우고 이끌어 주는 절친이 되었지. 더없이 두터운 우정으로 뭉친 두 나라의 선비는 작별하게 되었을 때 눈물을 펑펑 쏟으며 죽을 때까지 서로 잊지 않고 편지를 보내겠다고 약속했어. 과연 국경과 시대를 초월한 우정은 이어졌을까?

나이가 비슷했던 홍대용과 엄성은 의형제를 맺을 만큼 친해졌어. 그런데 안타깝게도 고향으로 돌아간 이듬해 엄성이 병에 걸렸어. 홍대용이 선물한 묵향을 맡으며 엄성이 숨을 거두었다는 소식을 듣게 되었지. 홍대용은 눈물로 제문을 적어 보냈고 이 제문은 신기하게도 엄성의 두 번째 제삿날에 딱 맞추어 도착했다고 해. 이 두 사람이 사귀며 나누었던 필담과 편지는 책으로 만들어져 현재 북경대학교 도서관에 남아 있어. 중국에서도 이들의 사귐을 귀한 자료로 보전하고 있는 것이지.

또한 반정균은 홍대용이 세상을 떠났을 때 슬픔을 담은 묘비 글을 적어 보냈는데, 지금 홍대용의 묘비에 그 글씨가 남아 있어. 그리고 66년이 지난 후 믿기 힘든 일이 일어났어. 홍대용의 손자 홍양우가 할아버지 대에 있었던 우정을 알고 감동해서 반정균의 후손에게 편지를 보낸 거야. 이미 긴 세월이 지난 후였고, 편지 한 통이 전해지려면 몇 년이 걸릴지 모르는 시절이었는데 어찌 되었을까? 5년이 지나서 반정균의 손자 반공수의 답장이 도착했어. 조상이 맺어놓은 소중한 사귐을 후손들이 이어가기를 바란다는 홍양우의 편지를 받으니 60년 전 선조의 우정이 이어지는 것만 같아 감격하고 또 감격한다는 벅찬 감정을 적은 답장이었어. 어때? 우리는 이웃도 잘 모르고 살아가는데 그 옛날에는 대를 잇는 사귐이 있었다니, 고개가 절로 숙여지지?

엄성이 그린 홍대용의 초상화

## 사랑하는 아버지

홍대용이 북경에서 돌아온 후 1년 뒤, 37세 되던 해에 아버지가 돌아가셨어.

"아버지는 어떻게 사셨을까?"

홍대용은 그동안 자신의 꿈을 좇느라 미처 몰랐던 아버지의 고마움을 아픈 마음으로 돌아보았어. 아들을 진심으로 이해하고 평생 아들의 꿈을 뒷바라지하신 아버지! 생각해 보니 아버지는 맏아들이 벼슬을 해서 가문을 빛내지 않는다고 한 번도 서운한 얼굴을 보이지 않으셨어. 개인 천문대를 짓는다고 했을 때 선뜻 집 한 채 값을 내어주셨고, 천문 기구를 만들려고 애쓸 때는 기계의 장인 나경적에 대해 알려주며 격려해 주셨어.

솔직히 백수 아들이 서른이 넘도록 악기나 연주하고 기계를 만든다고 뚝딱거릴 때 얼마나 속상하셨을까? 또한 세상에 반대되는 주장만 하니 남들의 손가락질을 얼마나 많이 막아주셨을까? 그렇게 무한한 사랑을 주셨던 아버지를 생각하니 죄스러운 마음에 목이 메고 고마움과 그리움이 솟구

쳐 올랐어. 홍대용은 꼬박 3년 동안 아버지 묘를 지켰어. 효를 중시하던 유교의 의무를 따르려던 것이 아니야. 진심으로 아버지를 존경하고 그리워하는 마음의 표현이었지. 홍대용은 아버지의 사랑이 헛되지 않도록 살아가겠다고 더 단단히 결심했어.

홍대용은 아버지의 묘소를 지키는 동안 《주해수용》이라는 수학 책을 완성했어. 홍대용은 오랫동안 천문학과 함께 수학을 연구했어. 우주 탐구 기구를 만들거나 천체의 움직임을 계산하려면 높은 수학 지식이 있어야 하니 천문학에 수학이 따라 오는 건 당연한 것이지. 《주해수용》은 이전의 수학 책과 구별되는 특별한 점이 있어. 수준 높은 수학 지식을 애써 드러내지 않고 당시 조선의 실제 생활에 바로 이용할 수 있는 내용이 가득하다는 점이지. 또 지금 우리가 학교에서 배우는 수학의 내용이 거의 다 들어 있고 기본부터 쉽게 배울 수 있도록 했어.

옛날 어린이들도 우리처럼 구구단을 열심히 외웠는지, 둥그런 원의 넓이를 구할 수 있었는지 궁금하지? 《주해수용》에는 한자로 쓴 구구단이 가지런히 적혀 있고, 원의 넓이를 구하는 방법도 알기 쉽게 적혀 있어. 현재 초등학교에서 배우는 구구단과 같은데, 특이한 점은 9단부터 시작한다는 것이야. 또한 원의 넓이를 구할 때 원주율을 3.14 대신 그냥 3으로 했어. 예를 들어 원의 지름을 알고 둘레를 구하려면 지름에 3을 곱하면 된다고 한 것이지.

《주해수용》에는 자주정신*이 나타난 문제도 있어. 예를 들면, 여러 모양으로 생긴 밭의 넓이를 구하는 방법을 알려주면서 특별히 조선에만 있는 밭의 모양과 그 넓이를 구하는 방법을 소개하기도 했지. 그 문제를 한번 볼까?

> **문제**
>
> 우리나라 조선에는 다섯 가지 모양의 밭이 있어서 양전법(밭의 넓이를 계산하는 법)으로 그 넓이를 계산한다. 다음 다섯 가지 모양의 밭을 보고 넓이를 구해보자.

---

\* 스스로 하려는 정신.

1. 정사각형 모양의 밭이 있다. 한 변의 길이가 96척이었다. 그 넓이를 구하여라.

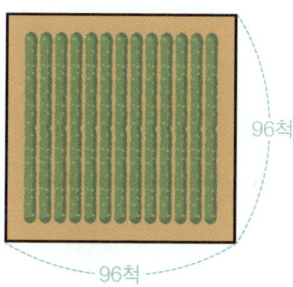

2. 직사각형 모양의 밭이 있다. 밭의 세로 길이는 24척이고, 가로 길이는 49척이라고 한다. 그 넓이는 얼마인가?

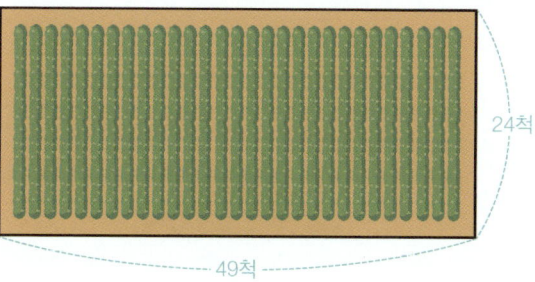

3. 직각삼각형 모양의 밭이 있다. 직각삼각형에서 직각을 낀 두 변 가운데 짧은 변, 즉 구의 길이는 36척이고, 직각삼각형에서 직각을 낀 두 변 가운데 긴 변, 즉 고의 길이는 62척이라고 하면 넓이는 얼마인가.

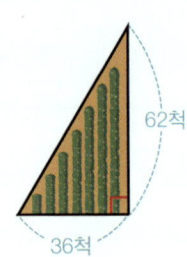

4. 이등변삼각형처럼 생긴 논밭, 즉 규전이 있다. 그 밑변의 길이는 93척이고, 높이의 길이는 34척이라 한다. 넓이는 얼마나 되는가?

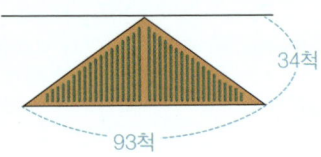

5. 사다리꼴 모양의 밭이 있다. 동쪽 나비가 46척이고, 서쪽 나비가 86척이며, 높이가 125척이라고 하면 넓이는 얼마나 되겠는가?

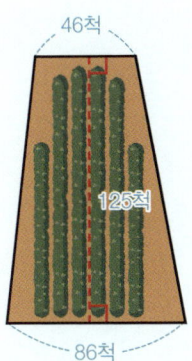

정답은 각각 다음과 같아.

1. 정사각형 모양의 밭

풀이: 96 × 96 = 9216

정답: 9216

2. 직사각형 모양의 밭

풀이: 49 × 24 = 1176

정답: 1176

3. 직각삼각형 모양의 밭

풀이: $36 × 62 × \frac{1}{2} = 1116$

정답: 1116

4. 이등변삼각형 모양의 밭

풀이: $93 \times 34 \times \dfrac{1}{2} = 1581$

정답: 1581

5. 사다리꼴 모양의 밭

풀이: $(46 + 86) \times 125 \times \dfrac{1}{2} = 8250$

정답: 8250

또 이런 식으로 생활에 관련된 문제도 있지.

> **문제**
>
> 지금 어떤 사람들이 물건을 사려고 하는데, 한 사람이 5냥씩 돈을 내면 6냥이 남고, 한 사람이 3냥씩 돈을 내면 4냥이 모자란다고 한다. 물건 값은 얼마인가?

현대적 풀이를 한 번 볼까?

사람 수를 $x$, 물건 값을 $y$라 하면

$$\begin{cases} 5x = y + 6 \cdots\cdots (a) \\ 3x = y - 4 \cdots\cdots (b) \end{cases}$$

$x$ = 5를 $(a)$에 대입하면 $y$ = 19(냥)

그러므로 답은 19냥이야.

이렇게 《주해수용》은 우리의 옛 수학을 볼 수 있는 귀한 자료일 뿐만 아니라 홍대용이 얼마나 자주적이고 실용적인 정신을 갖고 있었는지 다시 한 번 확인할 수 있는 귀한 수학책이지.

## 배움에 평등해야 한다는 놀라운 생각

우리는 지금 공평한 기회가 주어지는 평등한 세상에 살고 있어서 참 다행이야. 홍대용은 이런 평등한 세상을 만들어야 한다고 이미 수백 년 전인 조선 시대에 주장했어. 양반은 귀하게 대접받고 재능이 없어도 관직을 얻고 편히 사는데, 백성은 천하다고 무시당하고 고된 일만 한다면 사람들은 어떤 생각을 할까? 어떤 방법으로든 양반이 되려고 할 거야. 정작 백성들이 잘 살려면 농사짓고, 장사하고, 물건을 생산하는 일이 중요한데도 말이야.

신분의 차별 때문에 먹고 놀려는 양반만 계속 늘어나고 일할 사람이 없으면, 결국 나라가 가난해지겠지? 홍대용은 이런 현실을 꿰뚫고 학식과 재능이 있으면 누구나 나라의 관리를 맡아야 하고, 정승 판서라도 능력이 없으면 노동해야 한다고 주장했어. 특히 나라의 경제를 살리려면 천하게 여기는 상공업을 나라에서 나서서 발달시켜야 한다고 말했지.

홍대용은 교육에 대해서라면 더욱 혁신적 의견을 펼쳤어. 양반만 다니는 서당 대신 나라에서 각 면에 학교를 세워 8세부터는 반드시 교육을 받도록 하고, 배우기를 원하는 사람은 언제든 교육을 받을 수 있도록 법을 정해야 한다고 한 거야. 이런 8세 의무 교육 제도는 100년도 더 지난 (일제 강점기 이전인) 1895년에서야 '소학교령'이라는 이름으로 나라에서 발표

했어. 홍대용이 살았던 시대에는 신분의 차별이 엄격해서 어림없는 주장이었지. 더구나 최고로 높은 양반이었던 사람이 이런 주장을 하다니, 홍대용은 모습만 흰 도포에 갓을 썼을 뿐 현대인이 타임머신을 타고 조선 시대에 뚝 떨어졌던 것이 아닐까?

 홍대용의 주장 가운데 한 가지라도 실천되었더라면 얼마나 좋았을까? 그러나 어느 시대이건 혁신적인 사람에게는 적이 더 많은 법이지. 평생 벼슬을 사양했던 홍대용은 44세 때 정조의 명령으로 어쩔 수 없이 경상도 영주 고을을 다스렸는데 그때의 심정을 친구에게 이렇게 말했어.

 "상부의 관청과 지방의 토호들이 방해하고 막아 내 뜻을 펼치거나 혼자 애쓸 것이 없습니다. 그저 열쇠나 잘 보관하고 법률이나 따를 뿐이지요. 나는 자잘한 일들을 따지는 것을 좋아하지 않고 겉으로 위엄을 부려 몸가짐을 무겁게 하는 것도 잘되지 않으니 오직 공평하고 청렴하게 일을 처리할 따름입니다."

 이 글을 보면 세상을 이롭게 할 계획이 그렇게 많았는데도 실천해 볼 도리가 없는 현실이 느껴지지? 그렇지만 홍대용은 할 수 있는 한 최선을 다해 백성들을 살폈어. 백성과 함께 농사일을 걱정하고 농기구를 만드느라 직접 팔을 걷어붙였던 사또는 아마 없었을 거야. 영주 고을을 떠날 때 고을 백성들은 송덕비를 세우고 홍대용의 선정을 기념했어. 백성들이 울면서 원님이 떠나시는 것을 슬퍼했다는 기록을 보면 그분이 얼마나 좋은 관리였는지 알 수 있지.

담헌 홍대용은 1783년 52세의 나이로 세상을 떠났어. 홍대용은 중국 견문록인 《을병연행록》과 수학 책 《주해수용》 외에도 과학 지식과 교육 정책 개혁안을 담은 《의산문답》, 중국 친구들과 사귐을 알 수 있는 《건정동 필담》과 《항전척독》, 서양 문물을 소개한 《유포문답》, 튼튼한 경제와 국방에 관한 글 《임하경륜》, 세손이었던 정조를 가르쳤을 때 문답을 적은 《계방일기》, 성리학과 유교 경전에 대한 생각을 담은 기록과 문예집 등 훌륭한 기록을 많이 남겼어.

훗날 후손들은 홍대용의 글들을 모아서 《담헌서》라는 열다섯 권의 책으로 엮었어. 이 글들을 일일이 손으로 베껴 쓰는 데는 3년이나 걸렸다고 해. 홍대용의 아들과 손주, 며느리와 손주며느리까지 모여들어 기쁘게 그 일을 해냈어. 더없이 훌륭한 인품과 높은 지식을 지녔던 할아버지를 오래도록 그리워하면서 말이야. 그리고 지금, 홍대용이라는 이름은 별이 되어 영원히 빛나고 있지.

5부

# 세상을 놀라게 한 1,400년 전 주사위

유물로 알아보는 신라인의 수학 실력

## 게임용 주사위가 수학 수준을 보여준다고?

　서양 수학이 들어오기 전에 있었던 우리나라의 옛날 수학 책들은 남아 있는 것이 많지 않아. 임진왜란과 6·25 전쟁을 겪으면서 거의 모든 자료가 불타 없어지고 말았거든. 그렇지만 우리 옛 수학은 책으로만 전해지는 것이 아니야. 우리가 잘 알고 있는 건축물이나 생활 도구 등 문화유산에도 그 흔적이 묻어 있어서 조선 시대 이전의 수학을 엿볼 수 있어. 문화유산에 숨어 있는 놀라운 수학의 비밀을 한 번 들여다볼까?

　경주에 가면 안압지라고 불렀던 통일 신라 시대의 궁궐 유적지가 있어. 이곳의 정식 명칭은 '동궁과 월지'인데 시대가 바뀌면서 오랫동안 진흙이 쌓이고 갈대가 무성해져서 '기러기와 오리가 노는 연못'이라는 뜻인 안압지라고 불렀어.

동궁과 월지

　1974년이 되어서야 비로소 이곳을 새롭게 정비했는데 진흙과 물을 걷어내자 놀라운 광경이 드러났어. 그릇, 청동거울, 벼루, 건축물 조각들과 유람용 배까지 1만 5,000점이 넘는 신라 시대의 유물들이 쏟아져 나온 거야.

안압지에서 발견된 주사위인 '주령구'.

그중에도 유난히 독특한 물건이 있었는데 여섯 개의 사각형 면과 여덟 개의 육각형 면이 맞붙어 14면체로 된 참나무 기구였어. 이 복잡한 도형은 손바닥 안에 쥘 만한 작은 크기였는데 다행히 각 면에 글자가 새겨져 있어서 그 용도를 알게 되었어. 바로 신라인들이 술을 마시고 놀이를 할 때 쓰던 주사위였던 거야.

우리도 주사위 놀이를 하면서 엉덩이로 이름 쓰기, 동물 흉내 내기와 같은 벌칙을 줄 때가 있지? 나무 기구의 각 면에는 그런 재미있는 벌칙들 열네 가지가 적혀 있었어. 그래서 그 이름을 주령구(술과 관련된 명령을 내리는 도구)라고 붙이게 되었어.

## 사각형 면에 적힌 벌칙

- 금성작무禁聲作舞 — 소리 없이 춤추기
- 중인타비衆人打鼻 — 여러 사람 코 두드리기
- 음진대소飮盡大笑 — 술을 다 마시고 크게 한 번 웃기
- 삼잔일거三盞一去 — 한 번에 술 석 잔 마시기
- 유범공과有犯空過 — 덤벼드는 사람이 있어도 참고 가만히 있기
- 자창자음自唱自飮 — 스스로 노래 부르고 스스로 마시기

## 육각형 면에 적힌 벌칙

- 곡비즉진曲臂則盡 — 팔을 구부리고 술 마시기
- 농면공과弄面孔過 — 얼굴 간질여도 꼼짝하지 않기
- 임의청가任意請歌 — 누구에게나 마음대로 노래를 시키기
- 월경일곡月鏡一曲 — 월경 한 곡조 부르기
- 공영시과空詠詩過 — 시 한 수 읊기
- 양잔즉방兩盞則放 — 술 두 잔이 있으면 쏟아버리기
- 추물막방醜物莫放 — 더러운 물건을 버리지 않기
- 자창괴래만自唱怪來晩 — 스스로 괴래만(노래 제목) 부르기

우리가 갖고 노는 보통의 주사위는 똑같은 정사각형이 맞붙은 정육면체야. 주사위를 던졌을 때 각 면이 나올 확률이 같아지려면 이렇게 각 면의 넓이가 반드시 동일해야 해. 사각형과 육각형이 맞붙은 14면체 주령구는 어떨까? 만약 각 면의 넓이가 달라 주령구를 던졌을 때 벌칙이 똑같은 확률로 나오지 않는다면 놀이가 공평하지 않겠지? 두 종류의 도형이 섞인 데다가 각 꼭짓점에 모인 면의 배치가 같은 주령구는 아주 복잡한 다면체인데 각 면의 넓이가 같도록 만들 수 있었을까?

주령구는 놀랍게도 각 면이 나올 확률이 14분의 1이 되도록 거의 같게 만들어졌어. 이런 복잡한 도형을 각 면의 넓이가 같게 만들려면 수학 천재와 같은 수준이 필요해. 신라 시대에 이런 도형을 이해한 뛰어난 수학자가 있었던 거야.

게다가 높이가 4.8센티미터에 불과한 주령구를 직접 실생활에 쓰는 도구로 만들다니 그것 또한 신의 솜씨라고 할 수 있어. 주령구는 구멍이 숭숭 뚫리고 결이 거친 참나무로 만들어졌어. 참나무를 일일이 손으로 다듬어 만들었을 텐데 도대체 어떤 도구를 썼을까? 이 주령구는 단순하고 쉽게 만들

수 있는 입체가 아니야. 서로 다른 두 도형이 맞닿아 있지만, 자를 때의 각도가 비스듬하게 되어 있어. 즉 기울어진 정도가 옆면과 자연스럽게 붙어 있어서 두 면이 영향을 서로 받게 돼. 아무나 함부로 손댈 수 없는 기술이라는 것이지. 당시 이 주령구와 비슷하거나 참고할 만한 물건이 다른 나라에는 전혀 없어. 중국과 일본의 수학 수준과 비교해도 그저 감탄과 존경스러운 마음으로 이 주사위를 바라볼 수밖에 없지.

그런데 이렇게 특별한 유물이 안타깝게도 복제품으로만 남아 있어. 어이없게도 발굴 당시에 습기 제거 작업을 하다가 기계가 작동 불량을 일으켜 진품이 타 버리고 말았대. 다행히 각 면의 길이와 새겨진 글자를 적어놓은 자료가 있어서 복제품을 만들 수 있었어. 만약에 진품이 남아 있었다면 신라 수학의 비밀을 더 많이 밝힐 수 있었을 텐데 안타까운 일이지.

## 하늘과의 통로 첨성대

첨성대는 세계에서 가장 오래된 천문 관측대로 633년 신라 선덕여왕 때 세워졌어. 높이가 9.4미터로 아파트 3층보다 높고, 무게가 246톤이나 된다는데, 1,400여 년이 지난 지금까지 부서지거나 고친 곳 없이 우뚝 서 있어서 참 신기해. 더구나 경주는 예로부터 지진이 많이 나는 지역이었대. 778년에는 큰 지진으로 무려 백 명이 죽었다는 기록도 있어. 고대 시대의 건축물들은 거의 다 사라졌는데 첨성대는 어떻게 원래의 모습대로 남을 수 있었을까?

그 비밀은 첨성대의 구조를 보면 알 수 있어. 첨성대는 우선 땅 밑을 파고 큰 돌을 채워서 기초를 단단히 했어. 그 위에 길쭉한 돌을 눕혀서 쌓아 올리면서 둥글게 몸통을 만들었지. 몸통 안의 아랫부분은 비가 와도 물이 잘 빠지게 하고, 안으로 길게 들어온 돌을 잘 받쳐주도록 흙을 채웠어. 첨성대가 천년의 세월을 버티는 데는 이 흙이 큰 역할을 한 거야.

첨성대

　자, 지금부터 우리가 첨성대 안으로 들어가 본다고 상상을 해보자. 어디가 문일까? 밖에서 보면 몸통 중간 열두 단 높이에 가로세로 1미터 너비의 창이 있어. 여기가 출입구인데 사다리를 놓고 들어가면 평평한 흙 위를 딛고 서게 돼.
　텅 비어 있는 위를 올려다보면 빈 몸통을 든든히 지탱하도록 가로로 놓인 장대석이 보여. 여기에 사다리를 걸치고 꼭대기까지 올라가는 거야. 맨 꼭대기 우물 정#자 모양의 돌에는 넓적한 돌이 걸쳐져 있어서 그 위에 관측 기구를 놓고 별자리를 기록했지.

첨성대에는 과학적인 숫자의 비밀이 곳곳에 숨어 있어. 우리 그 비밀을 퀴즈로 맞춰볼까?

1. 첨성대는 몇 층으로 쌓았을까?

27층으로 쌓았고 꼭대기에 우물 정#자 돌을 얹은 것까지 합해서 28개 층이야. 이것은 28개의 별자리 운행을 상징하고 있어.

### 2. 첨성대의 몸통에 쓰인 돌의 개수는 대략 몇 개일까?

1년의 날 수와 같은 360여 개야. 이 돌의 개수는 옛 수학을 연구하시는 선생님이 일일이 세어서 확인했어. 옛날 사람들은 달력이 없었지만, 자연과 계절의 변화가 360여 일을 주기로 수없이 반복된다는 것을 알고 있었던 거야.

### 3. 1층에서 6층까지 돌의 개수와 숨은 뜻은?

1층: 16개 – 동지에서 소한까지의 날수.
2층: 15개 – 소한에서 대한까지의 날수.
3층: 15개 – 대한에서 입춘까지의 날수.
4층: 16개 – 입춘에서 우수까지의 날수.
5층: 16개 – 우수에서 경칩까지의 날수.
6층: 15개 – 경칩에서 춘분까지의 날수.

### 4. 밑받침돌의 개수는?

12개로 일 년의 달수와 같고 동, 서, 남, 북, 방향을 정확히 가리키고 있지.

**5. 창문의 방향이 정남향인 이유는 무엇일까?**

춘분과 추분, 태양이 정확히 남쪽에 있을 때는 햇살이 첨성대 밑바닥까지 비치고 하지와 동지에는 햇살이 완전히 사라져서 봄, 여름, 가을, 겨울을 정확히 구분할 수 있어.

어때? 과학적인 숫자 계산과 신라의 건축 기술이 정말 놀랍지? 이제 첨성대에 가면 단순한 겉모양에 숨은 비밀을 짚어보며 더 재미있게 감상할 수 있을 거야.

## 이야기가 있는 석굴암

이번에는 경주 토함산에 지은 석굴암으로 가보자. 석굴암은 774년 신라가 가장 발전했던 경덕왕 때 지었는데 불국사와 함께 유네스코 세계문화유산으로 지정된 건축물이야. 나라의 무사태평을 기원하며 지은 불교 사원으로 처음에는 '석불사'라고 불렀어.

석굴암 내부 전경
사진 : 한석홍

자연석을 다듬어 차례차례 쌓아 올려 만든 석불사의 전체 공간은 네모꼴과 원형, 직선과 곡선, 평면과 둥근 면이 완벽한 수학적 비례로 이어져 있어. 단단한 화강암이 아니라 떡을 주물러 만들었대도 믿기지 않을 건축 기술과 공간 배치의 과학성은 오늘날의 기술로도 따를 수 없을 정도야. 암벽을 뚫어서 만든 다른 나라의 석굴과는 비교도 되지 않아.

석굴에 있는 조각들의 예술성 또한 뛰어난데 특히 중심에 있는 본존불상은 최고로 아름답고 안정감을 주는 인체 비율 즉, 얼굴과 가슴, 어깨, 무릎의 폭이 1:2:3:4인 비율을 적용했다고 해. 이 숫자를 옛날 신라 사람들이 어떻게 알 수 있었는지 신기하지?

석굴암 본존불
사진: 한석홍

그리고 동해에 해가 떠오를 때면 한 줄기 빛이 부처님 이마 한가운데 점을 정확히 찍고 반사되도록 만들었어. 신라인들은 햇빛이 이마의 한 점과 만날 수 있는 정확한 수학적 계산을 어떻게 했을까? 온 세상에 광명이 비추기를 바라는 지극한 마음이 만든 신비일까? 사람들은 그 환상적인 장면을 보려고 지금도 새벽잠을 깨워 토함산에 오르고 있어.

본존불상을 둘러싼 벽면에는 40여 구의 조각상들이 있는데 이것을 보는 것도 재미있어. 본존불상이 고요하고 신비로운 분위기라면 조각상들은 전부 다른 얼굴을 하고 있는데, 화려하거나 용맹하거나 위엄 있거나 우아한 모습이지. 석굴암에 가면 이 조각상 중에서 윗옷을 입지 않은 근육질의 금강역사 두 구를 찾아봐. 입 모양이 흥미로워. 둘 중 한쪽은 '아' 하고 벌리고 한쪽은 '훔' 하고 다물고 있거든. 이것은 불교 경전에서 쓰는 인도 산스크리트어의 처음과 마지막 소리라고 해.

석불사는 신기하게 지하수가 솟는 암반 위에 지었어. 이것은 자연통풍으로 온도와 습도를 조절하는 아주 중요한 설계였어. 이런 설계로 천년 넘게 잘 보존되었는데 일본 사람들이 침략할 때 훔쳐 가려고 마구 쪼개다가 일제 강점기가 시작되어 떼어갈 필요가 없게 되자 석불사 설계의 비밀도 모르면서 함부로 보수 공사를 했어. 그때부터 물이 새고 습기와 이끼가 생기고 현재까지 이 문제를 해결하지 못하고 있으니, 우리가 그 옛날 신라의 과학 수준을 따라가지 못하는 것일까? 석불사 원래의 과학을 밝히는 것은 우리 친구들이 할 일이겠지.

6부

# 수학도 독립운동이 될 수 있을까?

학문을 향한 조선의 열정을 증명한 이상설

## 전통 수학과 서양 수학의 연결고리

우리는 앞에서 한자로 된 전통 수학 책을 쓰신 분들을 만나보았어. 그러면 현재 우리가 배우는 서양 수학이 반영된 수학 책은 누가 처음 쓰셨을까? 그분은 돌아가시며 이렇게 한 맺힌 유언을 남기셨어.

"여러분은 힘을 모아 반드시 조국 광복을 이루세요. 나는 조국의 광복을 이루지 못하고 이 세상을 떠나니 혼이라도 조국에 돌아갈 수 있겠습니까? 내 몸과 유품은 모두 불태우고 남은 재마저 바다에 날리세요. 그리고 제사도 지내지 마세요."

이상설

평생 조선의 독립을 위해 애쓰다 남의 나라에서 돌아가신 이분은 바로 이상설 선생님이야. 조선은 일본에 국권을 빼앗겼던 때가 있었어. 이상설 선생님이 태어난 때는 우리나라가 그런 어두운 터널로 들어가기 시작할 시기였어. 세상이 아주 크게 변하고 있었던 시대였지.

집에서 간단한 도구와 단순한 기술을 이용해 물건을 만들어 마차로 실어 나르던 시대가 끝나고 물건들을 공장에서 대량 생산해서 증기 기관차로 빠르게 공급하는 시대가 된 거야. 미국과 유럽의 몇몇 나라들은 이런 발전을 먼저 이루어서 돈이 많아졌고, 그 돈으로 군사력을 키웠어.

이런 나라들은 자기 나라에 넘치는 물건들을 비싸게 팔고, 반대로 식량과 원료는 싼값에 가져올 곳이 필요했어. 힘이 약한 나라에 군함을 끌고 들어와 억지로 평등하지 못한 무역을 하도록 했지. 이때 일본도 미국의 힘에 밀려 항구를 열었어.

그런데 일본은 재빠르게 군사력을 키우고 미국이 했던 방법을 그대로 사용해서 우리나라에 밀고 들어왔어. 일부러 강화도에 군함을 접근시켜서 조선이 공격하도록 만들고, 이것을 핑계로 불평등한 강화도 조약을 맺도록 강요한 거야. 그리고 이것을 시작으로 점점 더 욕심을 드러내며 1910년에 조선의 국권을 완전히 빼앗았어. 조용한 선비의 나라이던 조선도 폭풍 같은 변화에 휩쓸리게 되었지.

이런 때에 태어난 이상설 선생님은 독립운동가로 살 수밖에 없었지만, 그보다 먼저 뛰어난 학자였고 천재 수학자였어. 한국의 전통 산학과 서양 수학이 만나는 시기에 오늘날 우리가 배우는 내용과 거의 같은 수학 책을 써서 남기셨어. 선생님의 유언에 따라 선생님의 활동 자료들과 서적들은 모두 태워져 시베리아의 강가에 뿌려졌는데, 천만다행으로 1900년에 만들어 수학 교재로 썼던 《산술신서》와 그보다 10년 전인 1890년에 쓴 《수리》라는 저서가 2010년에서야 뒤늦게 발견되어 우리나라 근대 수학 교육의 시초를 알게 되었지. 이렇게 많은 책을 쓴 학자였지만 이상설 선생님은 나라를 잃은 국민이었기 때문에 비범한 능력을 제대로 펼칠 수 없었어. 평생 나라를 되찾으려 온 힘을 다하다가 머나먼 러시아 땅에서 돌아가시게 된 거야.

## 학자로도, 교육자로도 살 수 없는 삶

이상설 선생님은 1870년 충북 진천에서 가난한 선비의 아들로 태어났어. 선생님이 여섯 살 때의 일이야. 어느 날 서울의 높은 관직에 있던 친척인 이용우 대감이 찾아오셨어. 대감은 마당에서 놀고 있는 아이들 앞에 대추 한 무더기를 쏟아 놓고 "내가 돌아올 때까지 이것을 다 세어 놓아라." 하고는 나가셨지. 다른 아이들은 끙끙대며 종일 대추의 개수를 헤아리고 있었는데 어린 이상설은 실컷 놀다가 대감이 돌아올 때쯤 되어서야 대추 무더기 앞에 앉았어. 그리고 한 되를 담아 몇 개인지 세어보고는 남은 대추를 되에 담아 머릿속으로 곱셈을 했어. 간단히 답을 낸 거야. 이용우 대감은 사실 총명한 아이 한 명을 가려 양자로 들이려고 고향에 왔던 것인데, 이 모습을 지켜보고 감탄해서 이상설 선생님을 아들로 들였지.

일곱 살에 서울로 온 어린 이상설은 하고 싶은 공부를 맘껏 했어. 전통 학문뿐 아니라 수학과 국제 정치와 법률과 같은 서양 학문에 여섯 개 나라 언어까지 거의 독학으로 공부했어. 어찌나 학구열이 높았던지 선생님과 함께 공부했던 학우들은 이상설의 끈질긴 탐구심과 비상한 기억력이 신기하고 이상할 정도라고 했어. 하루는 어려운 문제를 붙들고 반나절을 씨름하다 낮잠이 들었는데 깨서는 "꿈속에서 다 풀렸다!"고 펄쩍 뛰며 기뻐한 적이 있대. 다른 날에는 잠을 자는 동안에 옆에서 친구들이 토론한 말을 다 기억하더라고 하니, 대단하지?

공부 천재인 선생님은 스무 살에 이미 대학자로 이름이 났어. 당시 〈대한매일신보〉에 '이상설 씨는 우리나라에서 학문으로 최정상이다. 학문이 비길 바 없이 뛰어나 동서의 학문을 독파했는데 성리학 외에 수학, 정치, 법률 등의 학문이 부강의 발판임을 일찍이 깨달았다.'라고 기사가 날 정도였어. 선생님은 1894년 25세의 나이로 조선의 마지막 과거 시험에 합격했고, 임금님의 비서로 일했으며, 세자를 가르치기도 했어.

어떤 일을 맡아서 보든 낡은 관습을 고치려고 노력했는데 27세에 조선 최고의 교육 기관인 성균관 관장을 맡았을 때를 보면 선생님이 얼마나 미래를 내다보는 사람이었는지 알 수 있어. 우리는 조선 시대의 성균관이라고 하면 유학을 배우는 전통 교육이 생각나지? 이상설 선생님은 성균관을 맡자 바로 근대적인 대학 교육 방식을 시도했어. 수학과 과학을 필수 과목으로 정하고, 지금같이 교수를 임명하고, 입학 시험과 졸업 시험도 실시했어. 교육의 힘으로 급변하는 세상에 흔들리지 않는 강한 나라를 만들고자 했던 것이지.

그러나 선생님의 이런 노력에도 나라의 힘은 점점 기울어 갔어. 1905년 11월, 일본은 덕수궁으로 군사를 몰고 들어왔어. 조선의 외교권을 뺏으려는 조약을 강제로 체결하려고 한 거야. 일본은 덕수궁 안으로 친일파만 불러들이고, 이상설 선생님을 비롯한 애국지사들은 들어오지 못하게 총칼을 겨눴어. 을사늑약을 막을 수 없었던 선생님은 피를 토하는 심정으로 모든 벼슬을 바로 내려놓았어. 종로 한복판에 나가 백성들에게 나라의 현실을 알리는 연설을 하고 나서 자결하려고 했지. 다행히 주변 사람들이 뜯어말려 목숨을 구했지만, 선생님에 대한 일본의 감시는 점점 심해졌어.

북간도의 위치

　선생님은 일본의 감시를 피해 나라 밖에서 국권을 찾는 활동을 해야겠다고 생각했어. 1906년에 한인들이 개척한 북간도 중국 용정 땅으로 건너가 조선의 독립운동을 시작하셨지. 선생님은 북간도에 도착하자 가장 먼저 서전서숙이라는 학교를 열었어. 용정에 세운 이 학교는 한국 최초의 신학문 민족 교육 기관이었어. 나라의 미래가 젊은이들의 교육에 달려 있다고 생각한 선생님은 조선인 동포의 집을 일일이 방문하며 학교에 나오기를 설득했어. 처음에 스물두 명이었던 학생 수가 일흔네 명으로 점점 늘어났고 선생님의 재산을 모두 팔아 가져온 돈을 써서 무료로 운영했지. 선생님은 서전서숙에서 신학문과 서양 수학의 내용을 반영해서 만든 《산술신서》를 교재로 수학을 직접 가르치셨어.

  선생님은 이렇게 민족 교육에 힘쓰던 중 고종 임금의 비밀 명령을 받고 헤이그* 밀사**로 가게 돼. 그리고 서전서숙은 선생님이 용정을 떠나며 자리를 비운 사이 일제의 탄압으로 문을 닫고 말아.

---

\*   네덜란드의 도시.
\*\*  심부름을 하러 몰래 보낸 사람.

## 아! 이상설 선생님!

　1907년 6월 네덜란드의 헤이그에서는 40여 개국이 참가하는 제2회 만국평화회의가 열렸어. 이때 고종의 특명을 받은 선생님은 이준, 이위종과 함께 헤이그로 갔어. 그 특명은 세계에 일본의 불법적 침략을 알려 조선의 국권 회복을 도모하려는 것이었어. 그때는 비행기도 없던 시절이었지. 일본의 감시를 피하면서 러시아를 거쳐 네덜란드에 도착하기까지 두 달이 넘게 걸렸어.

　그렇게 천신만고 끝에 헤이그에 도착했는데, 이미 일본이 방해 공작을 해놓았지. 특사들은 회의장에 들어갈 수 없었어. 그러나 그들은 포기하지 않고 각국 대표단에 탄원서를 보내고 세계 기자들 앞에서 호소문을 발표해 날마다 크게 보도되었어.

언론에 보도된 헤이그 특사의 모습
출처: 〈평화회의보(Courrier de la Conférence)〉 1907년 7월 5일자

　그러나 평화는 강대국들의 이익을 위한 것일 뿐, 상황은 바뀌지 않았어. 이때 이상설 선생님과 함께 온 이준 선생님은 과로와 분한 마음을 이기지 못하고 병을 얻어 돌아가시고 말았어. 상황은 절망적이었고 동료를 잃은 슬픔까지 더해졌지만, 이상설 선생님은 미국과 유럽으로 다니며 조선 독립이 동양 평화를 지키는 길이라고 호소했어. 일본이 이런 선생님을

가만히 두고 볼 리가 없지. 일본은 헤이그 밀사 사건을 트집 잡아 조선 땅에서 엉터리 재판을 열었는데, 심지어 재판장에는 이상설 선생님 본인도 없었어. 결과는 사형 선고. 선생님은 사형을 피해서 영영 조국으로 돌아올 수 없게 되어버린 거야.

선생님은 러시아의 블라디보스토크로 가서 독립운동의 터전을 만들었어. 땅을 사고, 조선인들을 이주시키고, 최초로 대한 광복군 정부를 만들고, 수많은 광복군을 키웠어. 그러나 시대의 불운은 늘 선생님을 따라다녔지. 제1차 세계 대전이 일어나고 러시아와 일본이 연합국으로 하나가 되자 그곳에서도 추방되었어. 다시 중국 상하이로 활동 지역을 옮기고 중국과 연합하려는 작전을 세웠지만, 그마저 조직원의 배신으로 실패하고 조직원 전부가 체포되고 말아.

선생님의 독립운동은 늘 이렇게 미완성으로 끝났지만 만주, 연해주, 간도, 유럽과 미국까지 선생님의 발길이 닿지 않은 곳이 없었어. 한민족이 있는 곳이라면 어디에서나 민족 교육이 확대되었고, 수많은 독립운동가가 생기며 선생님의 뜻이 계승되었어. 1919년 중국 상하이에 대한민국 임시 정부가 창설된 것도 선생님의 영향이 컸지.

선생님은 끝내 조국 광복을 보지 못하시고 1917년, 젊고 아까운 나이 47세 때 꽁꽁 얼어붙은 먼 러시아 땅 연해주에서 숨을 거두셨어. 나라를 잃었기 때문에 천재적 학자로도, 위대한 교육자로도 살 수 없었던 이상설 선생님. 선생님의 유언을 다시 읽어보면 서리서리 맺힌 한이 더욱 슬프게 느껴져.

2024년 이상설 선생님이 태어나고 자란 충북 진천에 이상설 기념관이 완공되었어. 국내외에서 혹시 있을지 모를 선생님의 유물 찾기 운동을 하고 있는데 여기저기에서 글씨 한 점이라도 더 나타나 준다면 얼마나 좋을까? 선생님의 기념관에 가면 《산술신서》와 《수리》가 있으니 좀 더 자세히 살펴봐. 우리가 배우는 현대 수학이 어떤 과정을 거쳐서 변화되었는지 알 수 있을 거야.

1910년 한일 병합 이후 일본은 조선을 쉽게 통치하려고 이렇게 거짓을 퍼트렸어.

"조선은 과학이 없다. 일본이 대신 철도를 건설하고 도로를 만들어 조선을 발전시켰다. 조선인은 신학문을 받아들이려는 노력도 없었고, 수학은 상놈이나 하는 짓에 불과했다."

우리의 정신을 말살하는 정책을 편 거야. 그리고 현대 일본 수학자들도 조선에는 수학이 없었고, 일본의 통치 덕에 근대 수학이 시작되었다고 주장했지.

하지만 근대 수학은 조선의 지식인들이 이미 한일 병합 훨씬 전부터 스스로 연구하고 있었어. 그 중심에 근대 수학 교육의 선구자인 이상설 선생님이 계셨고, 선생님이 쓰신 수학책이 그것을 증명하고 있지. 이상설 선생님이 1900년에 번역 편찬한 《산술신서》는 당시에 교사를 키워내는 사범 학교와 중학교의 교재로 사용한 책인데, 초판만 해도 적지 않은 양인 1,000부가 발간되었어. 상·하 두 권으로 나누어져 있고 내용은 다음과 같아.

제1편 총론
제2편 정수의 조합과 계산
제3편 계산의 사칙 및 여러 계산법
제4편 정수의 성질
제5편 분수
제6편 소수 prime number
제7편 순환 소수

내용을 보면 한글과 한문을 함께 쓰며, 전통 수학에 없던 소수와 최소공배수, 나머지 정리, 합동식, 지수 법칙 등을 소개하고 있는데, 소수가 무한이라는 증명과 소인수분해를 통한 수론은 당시 지식인들 사이에도 충격이었어. 또한 계산 과정을 적을 때 가로쓰기를 시도했고 'a, b, c'와 같은 로마자나 '1, 2, 3'과 같은 아라비아 숫자를 그대로 사용한 점을 보면 서양 수학을 적극적으로 받아들이려고 했던 거야.

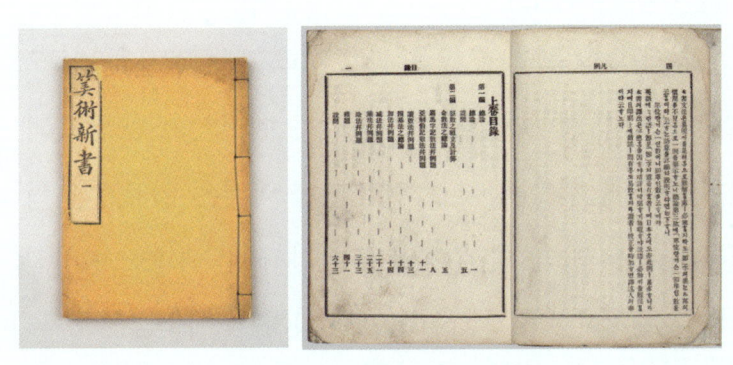

《산술신서》 표지와 본문
출처: 국립민속박물관(표지), 국립중앙박물관(본문)

이상설 선생님은 이 《산술신서》가 나오기 10년 전에 이미 《수리》라는 현대적 수학 책을 써놓으셨어. 《수리》에는 이상설 선생님이 자필로 수학을 연구한 내용이 잘 정리되어 있었지. 지금도 흔히 사용하는 '수리'라는 용어는 수학의 이치와 연구를 뜻하는 말인데, 이상설 선생님이 처음 사용한 표현이었어. 《수리》의 전반부는 중국 청나라에서 들어온 서양 수학을 담고 있고, 후반부에는 초보적 산술에서 다루지 않은 서양 근대 수학의 내용이 정리되어 있어. 삼각함수와 세제곱근, 피타고라스의 정리, 정비례와 분수, 방정식, 기하원본 등 근대 수학의 내용이 들어 있으며, 지금 우리가 배우는 수학 기호와 부호를 사용했어.

이렇게 수학 책에 한글을 사용하고, 계산 과정을 가로쓰기로 적었으며, 현대적 기호를 쓴 것은 이전의 조선 산학과 차원이 다른 단계로 나아간 변화였어. 이것은 일제 강점기 때 일본의 감독 아래 일본 수학을 따라서 쓴 책과도 명확히 구분되는 점이야. 서양 수학이 일제 강점기에 비로소 시작되었다는 일본의 주장은 이상설 선생님의 《수리》가 발견되면서 그 근거를 확실하게 잃었지.

사실 알고 보면 우리 학문이 일본의 영향을 받은 것이 아니라 오히려 반대에 가까워. 일본의 지식 기반은 거의 다 우리나라의 영향을 받은 것이었으니 말이야. 학문과 종교, 건축 기술, 조각, 회화까지 모두 옛날 우리나라의 학자와 승려, 백제의 유민들이 전해주었었고 임진왜란 때 약탈해간 수학 서적이 일본 전통 수학의 기초가 되었어. 잠시 힘을 키워 우리나라를 점령했다고 해서 엄연히 있었던 우리 문화와 전통까지 없앨 수 있는 것은 아니지. 그러나 나라를 잃어 그 천재성이 묻혀버린 이상설 선생님의 일생을 들여다보면 나라를 굳건히 지키는 것이 얼마나 소중한지 절실히 깨닫게 돼.

# 7부

## 자전차를 타고 경성에서 의주까지 달린다면

### 100년 전 수학 교과서를 쓴 남순희

## 조선 최초의 서양식 수학 책 광고

조선 시대 말인 1900년 11월 30일, <황성신문> 2면에 처음으로 수학 책 광고가 하나 실렸어.

'교사 남순희 씨가 외국의 수학 책 중에서 아주 잘된 것을 뽑아 《정선산학》이라는 수학 책을 발간했다. 정의와 문제가 잘되어 있고 풀이도 잘 정리되어 있어 배우는 사람의 수학 실력을 높여주고 초등과 고등을 막론하고 학문의 향상을 꾀할 수 있다.'

그리고 남순희 선생님이 돌아가시고 6년 후인 1907년에 다시 재미있는 도서 광고가 신문에 실렸어.


제목: 정선산학

저자: 남순희

출판사: 중앙서관

정가: 70전(우송료 5전)

파는 장소: 주한영 서점

'이미 간행된 책은 다 팔렸으나 배우려는 사람들이 많아 잘못된 점을 고쳐서 개정판을 출판하니 빨리 와서 사가기를 바란다.'는 문구와 함께 값이 70전이라는 것과 출판사와 파는 곳의 주소도 자세히 표시했어.

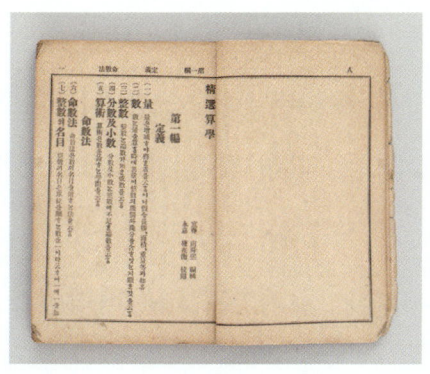

《정선산학》
출처: 국립한글박물관

《정선산학》의 저자인 남순희 선생님은 이름이 여자 같지만 남자 선생님이야. 남순희라는 이름은 우리에게 잘 소개되어 있지 않고, 선생님에 대한 자료도 1897년 조선 유학생 친목 단체가 발간한 잡지와 〈독립신문〉의 기사에서나 볼 수 있어. 여기에는 남순희 선생님이 서양의 수학과 출판물에 대해 친구들에게 전달하는 내용과 유학생들이 나라 개혁의 중심이 되어야 한다는 각오가 적혀 있어. 교육을 통해 나라를 구하려고 피나는 노력을 했던 많은 선조 중 한 분이라는 것을 알 수 있지.

조선은 1894년 갑오개혁을 통해 근대화를 이루려는 계획을 추진했어. 이 당시 조선의 지식인들은 서구의 지식을 배우기 위해 일본으로 유학을 많이 갔어. 그때만 해도 일본이 조선을 식민지화하려는 욕심을 다 드러내지 않았고, 일본이 서양 출판물들을 만나기에 가장 가깝고 쉬운 나라였기 때문이야.

우등생이었던 남순희 선생님도 국가 장학생으로 일본 유학을 다녀오셨어. 기우는 나라를 바로 세워야겠다는 책임감에 마음이 급했던 남순희 선생님은 코피를 쏟으며 밤을 새워 공부했어. 조국에는 할 일이 많았고, 한시라도 빨리 학업을 마치고 돌아가 조국 개혁에 힘을 보태야 할 상황이었지.

선생님은 서둘러 귀국한 후 1898년에 개교한 흥화학교에서 교사 생활을 시작했는데 흥화학교 외에도 여러 학교의 교사 명단에 남순희라는 이름이 등장해. 이것을 보면 당시에 유능한 교사가 얼마나 부족했는지, 또 남순희 선생님이 여기저기서 얼마나 열심히 일했는지 알 수 있어.

남순희 선생님은 가르치는 일뿐 아니라 교육에 필요한 모든 일을 해결해야 했어. 학교와 학생은 있어도 신식 교과서가 턱없이 부족한 상황이었으니까. 특히 수학 교육이 매우 중요하다고 생각한 남순희 선생님은 일본에 들어와 있는 미국 수학 책을 공부한 후 조선의 실정에 맞게 우리말로 편찬했어. 학교에서 본격적으로 사용하는 현대식 수학 교과서를 최초로 만드신 거야.

또한 그 당시 나라에서는 의술을 배우는 의학교 설립을 진행하고 있었는데, 당장 쓸 의학교 책자도 가르칠 사람도 부족하니 남순희 선생님은 그 준비도 도맡아 했어. 그뿐 아니라 선생님은 야간 영어학과 학생으로 등록하고 다니며 우등 성적을 받을 만큼 배움을 게을리하지 않았어. 신학문의 교재를 만들거나 가르칠 때 영문 원서를 직접 번역하는 일이 무척 시급하고 중요했기 때문이야. 낮에는 가르치고, 밤에는 공부하고, 번역하고, 통역하는 일까지 모두 해내느라고 몸이 열

개라도 모자랄 정도였지.

　남순희 선생님은 이렇게 지나치게 많은 일을 한 탓이었는지 여름 방학 중이던 1901년 8월 3일 아침, 영영 눈을 뜨지 못했어. 조국을 굳건히 하려고 교육에 온 힘을 쏟다가 안타깝게도 젊은 나이에 짧은 생을 마치신 거야.

　그렇지만 그 시대에 가장 대표적이고 절실하게 필요했던 수학 교과서를 남기셨어. 1900년도에 처음 출간된 수학 책 《정선산학》은 일제 강점기가 시작될 때까지 10여 년 동안 스테디셀러\*가 되었지. 이 책의 수준은 지금의 초등학교 고학년과 중학교 저학년 정도인데 정수, 소수, 분수, 사칙연산, 각 나라의 단위법과 부호를 설명하고 철저하게 문제를 연습시키는 책이었어. 당시 서양의 과학 기술을 배우기 위한 가장 기본적 내용이기도 했어. 재미있게도 지금의 최소공배수와 최대공약수를 '최저공배수'와 '최고공인자'로 이름 지어 가르쳤어.

　수학 문제를 보면 당시 사람들의 생활을 살짝 볼 수 있다고 했지? 다음은 《정선산학》 43쪽에 나오는 18번 문제야.

---

\*　오랫동안 사랑받아 팔리는 책.

> 문제
>
> 경성에서 의주까지 가는데 처음에는 매일 50리씩 8일을 걷고 나머지는 매시간 25리를 달리는 자전차를 타고 24시간을 달렸다. 경성에서 의주까지의 거리는 얼마인가?

> 풀이
>
> ( 50리 × 8일 ) + ( 25리 × 24시간 ) = 1000리

이 문제를 보면, 일상에서 자전차(자전거)를 타고 경성(서울)에서 의주(신의주)까지 쉽사리 왕래했던 것을 알 수 있어. 통일이 되어 북한의 신의주까지 맘대로 갈 수 있는 날이 다시 온다면 얼마나 좋을까? 그때는 남순희 선생님의 이름이 꼭 기억나겠지?

**나오며**

# 수학이 지금의 우리를 만들었어

 우리나라의 역사를 보면 위기의 순간도 많았지만, 결국 잘 극복하고 살기 좋은 나라가 되었어. 전 세계 사람들은 이제 'made in Korea' 제품이라면 믿고 선택해. 게다가 K팝과 같은 한국 문화에 푹 빠진 젊은 세대들은 한국을 부러워하고 있지. 우리는 이제 세계 어디를 가든 어깨를 펴고 당당히 꿈을 펼칠 수 있어. 반대로 희망을 가지고 한국으로 오는 외국인도 아주 많아. 실제로 이 책을 읽고 있는 친구들 중에는 먼 나라에 고향을 두고 한국에 오신 엄마나 아빠가 있는 친구도 많을 거야.

 컴퓨터 과학이 발전해 지구촌이 하나가 되고, 기계가 인간의 지능을 대신하는 시대를 살아갈 우리들은 '역사'나 '선조'라는 단어가 점점 더 낯설게 느껴져. 어쩌면 옛것을 돌아볼

여유가 점점 없어질지도 몰라. 우리 선조들은 재능이 많고 창의적인 분들이었는데, 우리는 그 가치를 너무 모르고 사는 것이 아닌지 걱정이 되기도 해. 오늘날 대한민국을 이만큼이나 자랑스럽게 일군 것은 우리가 그분들을 꼭 닮았기 때문인데 말이야.

세종대왕을 비롯해 책에서 만난 우리 선조들은 뛰어난 재능도 가지고 계셨지만, 그보다 더욱 존경스러운 점이 있어. 타고날 때부터 얻은 부귀영화를 누리고 남들을 호령하며 편히 살 수도 있었을 텐데, 그런 길을 택하지 않았다는 점이야. 스스로 판단한 값진 길을 선택하고, 반대와 어려움에 맞서며 자신의 뜻을 펼쳤지. 그래서 결국 세상을 크게 이롭게 하고, 후손까지 잘살게 하는 결과를 남기게 된 거야.

또한 이분들에게는 공통점이 있었어. 이 책을 끝까지 읽은 친구들이라면 그것을 알아챘을 거야. 바로 독서광이라고 할 만큼 책을 많이 읽었다는 점이야. 이것은 우리가 당장이라도 따라 할 수 있는 습관이지? 독서를 하면 이미 세상을 떠난 학자도 만날 수 있고, 내가 살아보지 못한 시대와 세계를 경험할 수도 있다고 해. 그러니 유명 학원에 다니지 않아도 괜

찮아. 책을 읽으면 세상에서 가장 위대한 스승을 곁에 두는 것이니까.

독서하다 보면 지식을 얻을 뿐만 아니라 자신의 생각을 가지고, 스스로 선택하고 판단하는 힘이 생겨. 그럼 자연스럽게 똑똑하고 당당한 자신감이 매력으로 보이는 사람이 될 수 있어. 게다가 세상을 넓게 보는 지혜가 생겨서 좋은 사회를 만드는 사람이 될 수도 있어. 책을 통해 많이 경험하고 끈기 있게 도전하면서 나를 발전시켜 봐. 우리가 개성 있고 창의력 있는 사람으로 자라나 여러 분야에서 골고루 일한다면 우리의 미래는 더욱 밝을 거야.

마지막으로 내가 가진 재능이 크든 작든, 나는 이 세상에 꼭 필요한 사람이라는 사실을 절대 잊지 마. 유행을 따라 남들이 좋다고 하는 일을 선택하거나, 당장의 편안함과 이득을 위해 자신의 꿈을 포기하는 일이 없기를 바랄게. 어른이 되었을 때 떠올릴 어린 시절의 멋진 추억 속에 책 읽는 내 모습이 있기를, 그 모습이 최고의 '인생샷'으로 간직되기를 바라며······.

초판 1쇄 발행   2025년 7월 31일

| 지 은 이 | 이장주, 한은경 |
| 펴 낸 이 | 김동하 |
| 펴 낸 곳 | 책놀이터 |
| 출판신고 | 2015년 1월 14일 제2016-000120호 |
| 주   소 | (10881) 경기도 파주시 산남로 5-86 |
| 문   의 | (070) 7853-8600 |
| 팩   스 | (02) 6020-8601 |
| 이 메 일 | books-garden1@naver.com |

ISBN   979-11-6416-255-0 (73410)

이 책은 저작권법에 따라 보호받는 저작물이므로 무단 전재와 무단 복제를 금합니다.
잘못된 책은 구입처에서 바꾸어 드립니다.
책값은 뒤표지에 있습니다.